Arp

macht Papierflieger
~~zupft an seinem Ärmel Fäden)~~ –

Philipp Arp [signature]

Hiermit gebe ich nichts bekannt.

Verse Vorträge Valentinaden

herausgegeben von Anette Spola, Rudolf Vogel,
Christine Polt, Eberhard Kürn

mit Textbeiträgen von
Otto Grünmandl, Dieter Hildebrandt, Jörg Hube, Gerhard Polt und Urs Widmer
und einem Fototeil von
Bernard Lesaing

Hugendubel

Die Herausgeber danken den Mitarbeitern
Fabienne Carpentier, Gottfried Drexler,
Susanne Grüneklee, Maud Jahn,
Friedrich G. Scheuer, Heidi Schweigert, Beate Seiffert,
Francine Singer, Ursel Wehrhahn, Heike Zander
und den Fotografen Hans Bergmann (S. 151); Eduard Dietl
(S. 36, 110, 111); Elena Gram (S. 13); Werner Hiebel
(S. 249); Rolf Kunitsch (S. 42); Bernard Lesaing (S. 49, 100,
101, 102, 236); Angela Neuke (S. 36, 37); Peter Schinzler
(S. 183); Hannelore Voigt (S. 23, 36, 37, 42, 43, 88, 99, 110,
111, 114, 115, 116, 117, 118, 119, 149, 152, 168, 173, 174, 175,
230, 231); Sylvia Waldamero (S. 37)

CIP-Titelaufnahme der Deutschen Bibliothek
Arp, Philip:
Hiermit gebe ich nichts bekannt: Verse, Vorträge, Valentinaden /
Philip Arp. Hrsg. von Anette Spola ... Mit Textbeitr. von Otto
Grünmandl ... u.e. Fototeil von Bernard Lesaing. – München:
Hugendubel, 1988
ISBN 3-88034-370-5

Alle faksimilierten handschriftlichen Texte und
Zeichnungen sind von Philip Arp.

© Heinrich Hugendubel Verlag, München 1988
Aufführungsrechte: Anette Spola,
Theater am Sozialamt, München
Alle Rechte vorbehalten
Layout: Eberhard Kürn
Umschlaggestaltung: Dieter Zembsch, München
Produktion: Tillmann Roeder
Reproduktion, Satz, Druck und Bindung:
FOAG, Oberschleißheim

ISBN 3-88034-370-5

Printed in Germany

I hob d Büacha dick.
Büacha san Schdaubfenga,
awa ned blos desweng –
i mogs aa ned wega de
vuin kloana Buckstam
und wei des a Zuamudung is
fia d Aung. Und
weiles hoid eimfach ned mog.
Büacha, bsondas de dickan
de hob i am dickan.

Heute windet es und dass ich als Knabe oft so versonnen ~~im Sah~~ am schattigen Fenster der Hinterhofwohnung ~~stehen~~ konnte ~~hinüber zu~~ so ~~for~~ besonnen zum Vorderhaus hinübersah. Heute ~~sind ich dies wenn ich~~ noch und so jung wäre ich verstattet würde ich ~~nicht~~ diesem ~~schattigen Welt~~ sonnige Gegenüber ins Gesicht springen.

An einem Faden

Oganga iss a so: Da ham oa aus Spaß an Fadn gschpannt, vom neua Rathausturm zum Oidn Päta. Am nächstn Tag ham andare no a paar Fädn dazua gspannt vom Oidn Päta zur Hl. Geist Kiach und von da zum nein Rathaus. A Haufa Leit ham des gsehn, und ham aa zum Fädenspanna ogfangt. Von de Türm am Marienplatz nüwa zum Dom. Und nunta zur Mariensäule. Zur Theatina Kirch naus. Kreiz und quer. Salvatakirch, ecätera ecätera, des Gespinnst is imma dichta worn. Friednsengl, St. Anna, Max Zwei, Bavaria, Friednsengl, Hofgartntempe. Des is a richtige Seuche worn, de Fadnspannerei. Ein glatter Wahn. Vom Hochhaus aus ham de Beamtn eahnare Privatfädn zogn, nüwa zum Feiawehrhaus, nunta zum Sendlinga Tor oda einfach zum nächstn Hausgiebe. Alle ham schließlich was gschpannt. Die Sach is imma mea vaflacht. A Chaos, komma fast sagn. Dunkl is worn. Ma hat nimma durch gsehng. De Kamin und die Antennen warn mit hinein verwoben. A paar so Weltverbesserer wolltn den Durcheinander entwirren – aber hoffnungslos. Oana hat sich dabei obn vahengt. Is nimma loskumma. Wia des dLeit gsehng ham, ham sa se aa alle obn vahengt. San obn umanand krawet. Es hat se a neia Massnwahn entwickelt. Je mehra daß se vawicklt ham, um so tiefa hats de Fädn runta zogn. Und mit oamoi – is des ganze grissn. Gott sei Dank. Da Himme war wieda blau, weils zufällig grad Tag war. Ma hat wieda ungestört auf de Stadttürm steign könna und Papierfliaga nuntalassn. Und alles war wieda ohne Chaos. Daran siehgt man, daß unsare Zukunft an einem einzigen Faden hänga ko. Den so a Depp spannt.

Einzug

Der Einzug in die Stadt war großartig. Der Heimatleiter hatte jedem von uns Achselklappen gehäkelt, und so etwas kannte man in München noch nicht. Infolgedessen gerieten die Münchner fast in Raserei, als sie uns abholten. Wir waren mit unserem Floß im Garten der Armen Schulschwestern in der Au gelandet. Von hier ging es spiralenförmig in die Stadt. Uns zu Ehren trugen alle Straßenbahnen einen Fransenbesatz, und man hatte die Innenhöfe nach außen gestülpt. Dadurch entstand ein unbeschreibliches Gemisch intimster Winkel und belebtesten Verkehrs.
In den Bierhallen trank man auf unser Wohl. An den Würstlbuden knackte man die Würstl auf unser Wohl. Die Straßenkehrer kehrten auf unser Wohl, und sogar die Feuerwehr löschte probeweise auf unser Wohl. So etwas war mir noch nicht vorgekommen. Es brodelte und prasselte und jodelte. Und über diesen Baiernmassen schwebte eine noch größere aufgeblasene Bavaria.
In der Ratstrinkstube angekommen, beim Ehrenmahl, spreizte ich die Ehrenblumen so auseinander, daß ich meinem Nachbarn ins gegenübersitzende Gesicht sehen konnte und fragte ihn, wo man im Sommer hier einen Schlitten kaufen könnte? Denn ich hätte gerne probiert, ob man einen solchen in die Pinakothek mitnehmen darf, oder ob er als Tasche gilt. Aber es war ein Mann vom Feuilleton und er lachte nur.

Zoologische Probleme

Meine Damen und Herren!
Zoologische Probleme lassen Sie sich besser von einem Zoologen darlegen. Dazu bin ich wirklich nicht in der Lage. Der hat des glernt. Dann soll ers auch machen. Was er glernt hat. Vogelflug etc, in den Süden. Ich habs ja nicht glernt. – Die Hochzeitstänze der Ameisen und sowas. Das sind Fachgebiete! Sogar für die Ameisen. Nur ganz bestimmte Tiere führen dieselben aus. Aber mehr kann ich Ihnen wirklich nicht darüber sagen. Wenn Sie auch noch so gespannt drauf sind. Das wären sonst reine Vermutungen. – Und vermuten, das können S' selber auch. Da brauchen S' mich nicht dazu. Das heißt, Fantasie braucht man schon dazu. Zum Vermuten. – Aber ich bin weder die Fantasie…noch…eine Vermutung.
Etwas ganz ähnlich anderes wäre es, sollte ich Ihnen einen Vortrag über die Ureinwohner von Australien dartun. Ich kenn die Leute nicht. Habe keine Ahnung, warum die ausgerechnet in Australien sind. Kurz, ich weiß gar nix. Ich weiß kaum, daß es sie überhaupt gibt. Genauso geht es mir mit der Klassik, mit dem Klassizismus und mit de anderen. Das ist nicht mein Fach. Wollte ich darüber sprechen, müßte ich halt vorher in ein Buch hineinschauen. Aber da käm ich mir selber z'blöd vor. – Bitte! Aber so wirds gemacht, allenthalben!
Bleibt nur noch zu fragen, worüber werde ich Ihnen denn dann vortragen? Wenn das andere alles nicht in Frage kommt. Meine Damen und Herren. Ich bin kein Hellseher. Wenn ich heller sehen will, dann muß ich a Hunderter neischraubn, so wie hunderttausend andere auch, und deshalb frage ich Sie: Müssen Vorträge überhaupt sein? – Nein. Sie müssen nicht sein. Wenn man sich aber die Vorträge spart, kann man sich auch die Vortragenden *und* das Publikum sparen. Das wäre eine riesige Ersparnis. Denn Sie glauben nicht, wie teuer Publikum heute kommt. Meine Damen und Herren! Auch dieser Vortrag mußte nicht sein. – Dafür ist es jetzt leider zu spät. Aber, wir können verhindern, daß er noch länger wird. Wenn wir uns, gemeinsam, Sie und ich, entschieden dafür einsetzen, gegen eine Verlängerung. Dann kann uns keine Macht der Welt daran hindern, unseren Entschluß in die Tat umzusetzen. Und das werden wir tun! Meine Damen und Herren! Schluß mit diesem Vortrag! Wir wollen, daß sofort damit aufgehört wird! Jedes Wort mehr, das jetzt noch gesprochen wird, ist eine Beleidigung für uns alle! Deshalb verlangen wir die Entfernung des Redners und des Publikums. Denn ohne Publikum und ohne Redner wird auch der Vortrag nicht mehr lange fortgeführt werden können. Und dann, dann haben wir das erreicht, war wir von Anfang an gefordert hatten. Das Ende dieses Vortrages. Und deshalb… Ende!

Eine Scheine Geschichte

Ich habe einen Schein gefunden!
War es ein Gewerbeschein? Ein Transportschein? Ein Flugschein? Oder ein Heiligenschein? – Wenn es ein Fahrschein war – den können Sie behalten. Wenn es dagegen ein Trauschein war... Ein Einweisungsschein. Oder ein Krankenschein. War es vielleicht ein Entlassungschein? Essenschein? Gepäckschein? Führerschein? Fallschein? Malschein? Oder ein Barschein? Scheinbar nichts von allem.
Nein.
Vielleicht ein Kindschein. Oder ein Rentenschein. Oder ein Kieselstein. Wie sah er denn aus? War es ein Lichtschein?
Nein, nein, nein, nein!
Etwa ein Hurenschein? Ein Mistschein? Ein Sauschein? Ein Dreckschein? Ein Totenschein? Ein Totenschein eines Scheintoten! Auch nicht? Oder war es ganz einfach ein Schein? Vielleicht ein Papierschein?
Wie kompliziert. Wenn ich das gewußt hätte – hätte ich ihn behalten.
Dann gibt es noch Erzschein. Grenzschein. Lichtschimmer. Puderschein. Vögelschein. Jagdschein. Fallschirm. Einstein. Randschein. Bandscheibe. Sandschein. Sonnenschein. Wasserschein. Feuerschein. Treuschein. Geburtsschein. Wasserschwein. Impfschein. Sparschein? Entschuldigen Sie. Ich habe mich geirrt. Ich habe keinen Schein, ich habe ein Schwein gefunden. Ein Sparschwein.
Ein Schwein ist natürlich viel einfacher als ein Schein. Dann ist die Sache sofort erledigt für Sie. Hier füllen Sie diesen Schein aus.
Ich fülle ihn zum Schein aus.

Zerrissenheit

Meine Damen und Herrn!
»Der Zerrissene Mensch.« Ein Thema, meine ich, das jeden aufrechten Menschen interessieren sollte. Ein Thema, das den ganzen Menschen angeht. Um es zu erfassen, müssen wir weit ausholen.
Wir finden den zerrissenen Menschen nicht nur in den Niederungen der Großstadt, oder in den Hinterhöfen der Vorstadt, nein, auch in den vornehmen Villengegenden müssen wir nach ihm suchen, und nicht nur das, – wir können praktisch überall auf ihn stoßen. Wie kommt das?
Der Mensch hat sich von seinem Urgrund entfernt, meine Damen und Herren. Entfernung ist ein weiter Begriff, der nicht näher eingeht auf Centimäta und Millimäta. Aber, Entfernung im weitesten Sinn ist alles, was entfernt ist, – also auch was ganz in der Näh ist, d. h. nur wenig entfernt ist. Wenn man jede Entfernung entfernen würde, würde man also auch die Nähe mit entfernen, und das ist ja nicht unsere Absicht.
Ein Beispiel:
Eine Näherin, die ihren Beruf 15 Jahre lang ausgeübt hatte, hatte das Nähen plötzlich satt, sie konnte keine Nähnadel mehr sehen. Sie ging zu einem Arzt, und dieser kluge Mann schickte die Näherin in die Ferne, an die Nord Nord Ostsee. Der zerissene Mensch von heute. Ein anderes Beispiel:
Ein Schuhmachermeister, ein ehrlicher, fleißiger Mann in der Boosstraße, bekommt Schuhe zum Besohlen. Als er die alte Sohle abreißt, steckt darunter eine schöne Summe Geld, in großen Scheinen. Was tut der brave Mann? Er macht die neue Sohle auf das Geld drauf. Als der andere seinen Schuhe abholt, blinzelt er diesem nur unauffällig zu, was dieser gar nicht bemerkt, weil er die Schuhe auch erst in der Tonne gefunden hat.
Verstehen Sie, was ich damit meine? Der zerrissene Mensch!
Fünfundzwanzig Jahre! kämpfe ich nun vergebens für den zerrissenen Menschen. Gegen die Presse, gegen Television, gegen die Regierung, gegen die Bauern, gegen dick und dünn. Durch. In unzähligen Vorträgen kämpfe ich vergeblich gegen meine Zuhörer. Meine Damen und Herren! Ich kann nicht länger so fortfahren. Aber der zerrissene Mensch wird einst auf Sie zurückfallen, und ich lege ihn heute auf Ihre Schultern. Das Schicksal des kleinen Wasserverkäufers vom Viktoria See sollte Sie nachdenklich machen. Ich habe diese Geschichte vor Jahren erlebt und habe sie bis heute niemand erzählt. Und habe auch heute keine Lust, sie zu erzählen. Ja, grinsen Sie nur. Ach wie gut daß niemand weiß, daß ich …
Sie werden mich nicht daran hindern, daß Sie es nicht erfahren werden. Nie! Denken Sie daran! Denken Sie an das Schicksal des kleinen Wasserverkäufers vom Viktoria See. *Im Gehen* Sie werden noch oft daran denken. Aber vergeblich.

Nacht

Beide liegen im Bett

Er *schläft, träumt* Können Sie mir sagen, wie ich da nach Obermenzing komm?... Können Sie mir sagen, wie ich da nach Obermenzing komm?.. Können Sie mir sagen, wie ich da nach Obermenzing komm?

Sie Anderl! Wach auf. Was willst denn da? Wach auf. Mir wolln nicht nach Obermenzing. Du liegst doch im Bett...

Er Was ist?

Sie Hast träumt, gell.

Er Ja.

Sie Gschrien hast: Können Sie mir sagen, wie ich da nach Obermenzing komm.

Er Ja. Des kann ich dir schon sagen. Da genga S' zuerst...

Sie Anderl! Ich bins doch.

Er Ach so. Du bist es. Also. Da gehst zuerst die Landsbergerstraße naus...

Sie Nein. Schau. Du hast doch vorhin gschrien: Können Sie mir sagen, wie ich da nach Obermenzing komm. – Ich will ja gar net nach Obermenzing, schau.

Er So.

Sie Du wolltst wahrscheinlich hin. Und wirst jemand gfragt habn oder so.

Er Ich – ich weiß doch selber, wie ich nach Obermenzing komm.

Sie Ja vielleicht wars a so: Da hat dich am Tag jemand gfragt, wie er nach Obermenzing kommt, und das hast jetzt geträumt.

Er So. Dann hätt ja der andere schrein müssen.

Sie *schaut sich um* Was für ein anderer?

Er Der gschrien hat.

Sie Ist doch niemand da außer uns. Du selber hast gschrien.

Er Dann hat dich vielleicht heut am Tag jemand gfragt, wie man da nach Obermenzing kommt – und ich hab in deinem Traum gschrien, für den.

Sie Jetzt bringst alles durcheinander. Komm, schlaf ma weiter.

Er Komische Träume gibts. – Von Obermenzing.

Sie Sei froh, daß d'nicht noch was schlimmers träumst. *Schläft*

Er Kannst du mir sagen, wie spät es ist? – Schlaft schon. Hoffentlich hats das nicht gehört. Sonst gibts wieder so eine endlose Diskussion.

gespräch

Beide liegen im Bett. Schlafen.
Er Hab i grad gschrian?
Sie Dramst du?
Er I hab dramt – daß i gschrian hab.
Sie Ah! Du dramst.
Er Na!
Sie Schrein tuast a net!
Er *Schreit* Des hab ich ja dramt!
Sie Jetzt hast gschrian, – daß d' dramt hast.
Er Ich hab aber dramt, daß i gschrian hab.
Sie Dann hast grad dramt.
Er Grad hab i ohne Dram gschrian.
Sie Dann wirst auch ohne gschrian dramt ham. Und werst bloß dramt ham, daß d' gschrian hast.
Er Drum frag i di ja, obst mi schrein ghört hast.
Sie Na!
Er Endlich! Dann hab ichs bloß dramt.
Sie Was?
Er Daß i gschrian hab.
Sie Was hastn gschrian?
Er Des woas is nimma.
Sie Schad. Wennst gschrian häst, hätt is dir sagn könna.
Er Ha…

Straßencafe auf einem Platz in Italien

HANSI Da wird sich unsere Mama freuen über die schöne Karte.

VATER Ja, am liebsten tät ichs selber behalten.

HANSI Unsere Mama gibts dir bestimmt zurück.

VATER Nachdem 1000 Postboten ihrane Händ hingwischt ham. – Sag net immer »unsere Mama«. Das ist nur deine Mama.

HANSI Da wird sich – da wird sich meine Mama freuen über die schöne Karte.

VATER Meine Frau schon auch. Die freut sich vielleicht noch viel mehr.

HANSI Schau, da ist der italienische Platz, wo mir grad sitzen.

VATER Aber wir sind nicht drauf.

HANSI Da machen wir einen Pfeil *zeichnet* und schreiben hin: Hier sitzen wir gerade.

VATER Nein. Dann sucht sie uns und findet uns nicht.

HANSI Aber auf der alten Karte von der Großmama sind auch so Pfeile: »Hier sitze ich«.

VATER Die Großmama – Deine Großmama ist schon tot. Die kann niemand mehr suchen. Da ist es klar. Daß sie nicht auf der Postkarte sitzen kann.

HANSI Aber die Großmama könnte doch zum Beispiel auf einem Foto…

VATER Ich meine – die sucht man nicht mehr. Verstehst, wenn die geschrieben hat: Hier sitze ich, dann ist es ganz logisch, daß s' nicht mehr dort sitzt… außer… sie sitzt auf dem Bild… das wo auf der Karte drauf ist…

HANSI *zurück zur Karte* Dann mal ich zwei Manderl drauf, eines mit einem Schnurrbart und…

VATER Damit verschandelst die ganze Ansicht, den schönen Platz. Nein. Du schreibst drauf: Hier sitzen wir in… also Pfeil!… Hier sitzen wir eben in Wirklichkeit..

HANSI …Auf der Karte sitzen wir nicht!

VATER Das ist ja klar, daß wir nicht auf der Karte sitzen. Das wird sie sich schon denken, wenn sie die Karte in der Hand hält. Haha. *Er wippt die Karte leicht hoch.*

HANSI Ich meine auf dem Bild, das wo auf der Karte drauf ist.

VATER Auf dem sitzen wir eben auch nicht!

HANSI Das wollt ich ja schreiben.

VATER Gut, ja, das schreibst… Auf dem Bild, das wo… ohne wo… auf der Karte drauf ist, sitzen wir gerade auch nicht. Du brauchst uns nicht zu suchen…

HANSI Weil wir leider zu spät gekommen sind. Als das fotografiert worden ist.

VATER Schmarrn. Wir sind doch nicht zu spät gekommen. Wer weiß, wann das fotografiert wordn ist. Da warn wir vielleicht noch an der Grenze. Oder vorigs Jahr, in der Steiermark.

HANSI Oder am Starnberger See… oder in Wuppertal.

VATER Wo hastn das aufgeschnappt! Da schleichst dich. Das heißt nicht Wuppertal, sondern Isartal! Schreib… nur einen Pfeil… dann kann sie sich das richtige denken, und wir brauchens nicht schreiben.

HANSI   Dann mach ich gleich mehrere Pfeile. Für dich einen *er malt* und für mich einen. Und an der Kirche sind wir auch vorbeigegangen.
VATER   Aber nicht an der Kirchturmspitze. Da nüber machst auch einen. Da gehn ma wahrscheinlich, wenn ma unsern Kaffee trunken ham. Da is der berühmte Turm. Dieser liegende… schräggewachsene.
HANSI   Der ungerade Turm von Pisa. Jetzt ham ma viele Pfeile. Hoffentlich kennt sie sich da aus.
VATER   Sie muß ja nicht drauf rumgehn. Die Hauptsach, wir kennens.
HANSI   Da schreib ich hin: wahrscheinlich.
VATER   Ja. – Das sind Pfeile aus der Vergangenheit, die sind aus der Gegenwart und das sind Pfeile aus der Zukunft … in die Zukunft.
HANSI   Wenns die Karte jetzt gleich kriegn tät. Weil wenn sies übermorgen kriegt oder überübermorgen…
VATER   Aber die italienische Post. Da is nix mit der Zukunft. Nicht einmal mit der Gegenwart.
HANSI   Alles Vergangenheit, gell Baba.
VATER   Da kann ma noch so intalligente Pfeile machen. Die italienische Post…
HANSI   Die macht unsere Pfeile kaputt, gell.
VATER   Jetzt dreh amal die Ansicht um. Wir müssn hintn auch noch was draufschreibn. Grüße, und wies uns geht.
HANSI   Wir sind gut in Italien angekommen.
VATER   Das ist zu allgemein. Bei so einer weiten Reise muß man schon was besonderes berichten.
HANSI   Wir sitzen im Kaffee.
VATER   Besonderer muß es klingen.
HANSI   Wie solln ma denn das…
VATER   Wir sitzen im strömenden Regen… auf der Straße…
HANSI   Des stimmt aber net.
VATER   Scheint vielleicht die Sonne?
HANSI   Nein. *Schaut.* Es ist bewölkt.
VATER   Also kanns jederzeit regnen. – Schau. Bewölkt ist nix besonders. »Es ist bewölkt, und wir sitzen in einem Kaffee«, lächerlich. *Er diktiert* Wir sitzen seit 20 Minuten in strömendem Regen in einem Straßencafe. In Italien. Auf der Piazza… Wie heißtn der Platz? – *Beide schauen herum* Auf der Piazza… Giorno schreibst einfach. Das ist ja wurscht. Das braucht nicht stimmen. Das ist ja für sie unwichtig… Auf der Piazza Giorno. Ohne Regenschirm, in leichter Kleidung – das stimmt! – und warten auf den Kellner.
HANSI   Weil wir bezahlen wollen.
VATER   Nein. Das ist nicht gut.
HANSI   Weil wir nicht bezahlen wollen.
VATER   Du gell! Der Regen platscht in unsere Kaffetassen… Weil wir uns beschweren wollen.
HANSI   Mehr geht fei nicht mehr drauf! Herzliche Grüße von Hansi und Baba.
VATER   Und es platscht in unsere Kaffeetassen. – Eigentlich schad, daß es nicht regnet, in Italien.

Skifahrer

Sie Da schaun S' einmal, da drübn, ist des net der berühmte Skifahrer!

Er Ja? ja? ja? schaut ihm gleich. – Ohne Ski könnt ich jetzt des gar net sagn, da kommt er mir net so bekannt vor.

Sie Ja, da ham S' recht, ohne Ski fehlt ihm was, da ist er mir auch net so bekannt.

Er Was tutn der in der Stadt?

Sie Einkaufen wird er. – Mei! – da werdn die Verkäuferinnen rumtanzen um den! »Ist es so recht, Herr Skirennfahrer, oder sollen wirs Ihnen noch schneller einwickeln?«.

Er Wer weiß, ob ers überhaupt ist.

Sie Geh, – ham S' die Übertragung nicht gesehen: wo er so schnell gfahrn ist…

Er Daßn am Schluß ghaut hat haha!

Sie Pssst, wenn er Ihnen hört, dann meint er, wir lachen ihn aus…

Er Das war auch lustig – in der Luft hat er einen Purzelbaum gmacht und dann mitm Kopf voraus in Schnee.

Sie Und anschließend ins Krankenhaus.
Er Und trotzdem das Rennen gewonnen!
Sie Das ist auch schon wieder Jahre her.
Er Aber – schaun S' genau hin – er hinkt noch.
Sie Wenn er sich an Kopf anghaut hat, – dann müßt er doch mitm Kopf wackeln.
Er An Kopf hab ich mir schon oft anghaut, und – wackle aber nicht.
Sie Und dann hat er die berühmte Skifahrerin geheiratet.
Er Ja richtig! So eine Skirennläuferin.
Sie Und hat schon mehrere kleine Skifahrer.
Er Vielleicht wackeln die mitm Kopf.
Sie Pfui! Sowas sagt man nicht.
Er So schnell fahrt ma auch nicht wie der.
Sie Sie verstehn nix von Skirennen.
Er Allerdings – ich würde sie umbenennen, in: Ski-darennen.
Sie Die einen setzen ihr Leben ein, und Sie machen sich lustig.
Er Das ist wie im Krieg.
Sie Sie täten sich übern Krieg auch noch lustig machen!
Er Freilich, wenn das ginge – aber der ist so traurig, daß es nicht möglich ist, sich darüber lustig zu machen.
Sie Pfui, so viel Leid.
Er Jaja. Leider.
Sie So, jetzt sind wir an einem Punkt angelangt, wo ich mich mit Ihnen nicht weiter unterhalte.
Er Da bin ich aber froh, dann kann ich endlich zu meiner Demonstration gehen.
Sie So einer sind Sie!! Das hab ich mir schon gedacht.
Er Ich auch bei Ihnen.

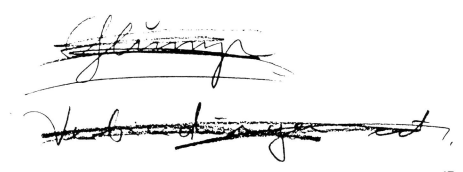

Beim Inspektor

SIE Uns ist unser Sohn ausgekommen.
ER Entflohen und ausgekommen.
SIE Ja, der Unhold.
ER Unhold war er keiner, nur...
SIE Was dann. War er vielleicht hold!
ER Nein. Nein. Hold. Das will ich gar nicht behaupten. Er war schon eher un-hold. Oder eher – bold. Ein Unbold.
SIE Hold oder bold. Das wird den Herrn hier nicht interessieren.
ER Da hast recht. Für diese Unterschiede interessiert sich kaum jemand.
SIE Wir müssen dem Herrn sagen, wie er ausgekommen ist.
ER Ja. Richtig. Also, unser Sohn ist uns gelb ausgekommen. Heute gelb.
SIE Erzähl dem Herrn doch keinen Unsinn. Heute früh bei dem rosa Morgen-rot wars.
ER Ja richtig. Heute früh. Rosa ist er uns ausgekommen. Mit unserem ganzen Geld. *Zu ihr* Also doch geld.
SIE Wir haben unseren Sohn nämlich plötzlich schon lange vermißt.
ER So eine schwarze Hose hat er angehabt. Vielleicht können Sie ihn daran erkennen. Und wenn er gegangen ist, hat er seine Beine immer so gespreizt.
SIE Daran kann ihn keiner erkennen. Das tun ja auch die Heuschrecken und –
ER Ja. Wenn Sie also jemand sehen, der kein Heuschreck ist...
SIE Unser Sohn hatte ein Muttermal, unten – auf dem Bauch.
ER Sags nur gleich direkt – wo. Warum drum herum reden. – Auf dem Nabel hat ers. Aber es ist kein Muttermal sondern ein Vatermal. Mehr ein Großvatermal. Weil nämlich...
SIE Das will doch der Herr gar nicht wissen. Gell! Dieser Sohn wollte uns schon lange immer auskommen. Schon als ganz kleiner.
ER Praktisch immer schon. Richtig gehabt haben wir ihn eigentlich nur lange zuvor.

SIE Da! Da geht er ja.
ER Hallo Sohn. – Schau mal. Der hat ja den Mantel an, den ich nicht mehr gefunden habe!
SIE Wie kommt denn der überhaupt in diese Gegend.
ER Ohne Kinderwagen, nur mit Auto?
SIE Er wird halt auch hierher wollen und melden, daß er ausgekommen ist. Wir nehmen unsere Meldung natürlich wieder zurück. *Zu ihm* Sonst meint der Herr, es sind zwei ausgekommen.
ER Erst wenn er angekommen ist. Sonst überlegt er sichs noch anders und kommt nicht an. Mit meinem Mantel. Und dann ist überhaupt niemand mehr ausgekommen. Nein nein.
SIE Schau nur, wie er seine Beine spreizt. Das muß er sein. Jetzt lächelt er herauf.
ER Wenns nur keine Heuschrecke ist.
SIE Die lächelt doch nicht herauf.
ER Aber wart nur. Wenn dus bist! Dir zirp ich was.
SIE Er dreht sich um. – Er wendet sich ab! – Hallo Sohn.
ER Jetzt hüpft er ins Gras. – Grün grün grün. –
SIE So sag doch was. Der Herr Inspektor wird doch wissen wollen, was das zu bedeuten hat! Los!
ER …Uns ist unser… uns ist…etwas ausgekommen.
SIE Heute früh. Beim rosarot.
ER Der Unhold.

Bleischdifdschbizza Bleischdifdschbizza
Draa di im Danz.
Bleischdifdschbizza, a Hundling bisd
Du draast de mit jäda
Bleidifdschbizzarin.

(Violinquartett)

ER *grantig* Dieses Wimmern der Geigen kann ich nicht mehr hören. Machs leiser!
SIE Schubert.
ER Mhm. Den hams auch verhungern lassen. *Musik* Eine schrille Kunst. Noch leiser! Kunst muß nicht unbedingt wimmern.
SIE Du bist gerade auf Geigen allergisch.
ER Auf den ganzen Radio hin bin ich allergisch.
SIE Dann können wir ihn ja abmelden.
ER Ja, abmelden! Ich hör nur die Zeit.
SIE Dann melden wir uns beim Kirchturm an…
ER …Und die Werbesendung! Weil, das sind die wahrhaftigsten Sendungen. Und wimmern nicht so. Am meisten verrückt macht mich das Violincello.
SIE Das auch?
ER Das vor allem. Diese Seufzer! Kann ich nicht hören.
SIE Auch von Mozart?
ER Meinetwegen von Buxtehude. Aaach, tus bitte ganz raus, die hörn nicht mehr auf. Das ist ein längeres Musikstück.
SIE Wenn dich jemand hört. Die denken, du bist ein Hilfsschüler.
ER Ein Hilfshörer, der keine Bücher liest, ja. Was reden denn die dauernd dazwischen?
SIE Daß er keine Bücher liest. Und daß sie wegen dem Wimmern der Geigen das Radio ausschalten.
ER Da hams recht! Aber dann müßten doch die Stimmen auch verstummen.
SIE Ja, das Gequassel kann ich auch nicht mehr hören.
ER Werden gleich verstummen. Wenn die Musik schon weg ist, kanns nicht mehr lange dauern. *Abblendung*
SIE Da! Jetzt!
ER Siehst dus. Muß ja zusammen weggehn.
SIE Hätt mich aber interessiert, was die noch sagen.

~~Violinkonzert~~ 1 – (Violinquartett)

Er (grantig) Dieses Wimmern der Geigen, kann ich nicht mehr hören. Mach's leiser!

Sie Schubert.

Er Mhm. ~~Da~~ Kannst dich verbiegen lassen. (Musik) Eine schrille Kunst. Noch leiser! Kunst muss nicht unbedingt wimmern.

Sie Du bist gerade auf Geigen allergisch.

Er Auf das ganze Ra~~d~~io bin ich allergisch.

Sie Dann können wir ja abmelden.

Er Ja abmelden! Ich hör nur die Zeit. ~~Und die Werbung.~~

Sie Dann melden wir uns beim Kirchturm ~~an.~~

Er Und die Werbesendung! Weil das sind die wahrhaftigsten Sendungen ~~(Aber sing) das die~~ und ~~nicht so~~ wimmern ~~nicht so.~~ Am meisten macht mich das Violincello. ~~Sie ...~~

Ungemachte Meldungen.

Der Speicher ist immer oben und der Keller unten. Man könnt natürlich die beiden umbenennen: Speicher in Keller und Keller in Speicher. Und dann sagen, ich geh nauf in Keller und ich geh nunter in Speicher. Aber der Speicher bliebe trotzdem oben, bloß daß er eben Keller hieße, aber deswegen wäre er doch ein Speicher. Weil Speicher oben sind unter den Dachbalken. Und im Keller liegen die Kohlen, auch wenn er Speicher heißen tät.
Was ich Ihnen da sage, ist nicht etwa eine Gaudi, sondern ein Ernst. Außer man würde zum Ernst Gaudi sagen und umgekehrt, dann wärs eine Gaudi, aber überhaupt nicht ernst.
Solche Gedanken verwirren bzw. entwirren mich. Ich weiß nicht, ob es Ihnen auch so geht. Wenn ich statt Grünwald *Grün*wald sage, dann hab ich dabei ein Gefühl, wie wenn ich auf einem Pferdl rückwärts reit, oder meiner Kaffeemaschin Bücher zum Lesen gib, oder auf d'Hochzeit vom Lufthansel mit der Akazie geh. Oder wie ist es mit dem Wort Wort. Daß das Wort Wort ein Wort ist, das wissen wir. Aber ob das Wart wart! einen Wert hat? Schau schau ist jedenfalls keine Schau. Und so ist es nicht mit allen Dingen. Ich darf Ihnen dazu eine kleine Geschichte erzählen. Die Elisabeth ging auf einer Sandstraße. Ein Auto fuhr vorüber und hüllte Elisabeth in eine Staubwolke. – Was sagt uns die Geschichte? Daß Elisabeth auf einer Sandstraße gegangen ist, ein Auto vorüber gefahren ist und Elisabeth in eine Staubwolke gehüllt hat. – Wer nun weiterfragt, was das nun wieder bedeutet, dem kann ich sagen, daß es bedeutet: Elisabeth ist staubig geworden, auf einer Sandstraße, auf der sie gegangen ist, und auf der ein Auto vorüberfuhr. –
Solche Geschichten gibt es sehr viele. Allein in Sendling Millionen. Genauso in der Stadtmitte. Aber auch in Afrika. In Australien. Auf dem Meer. Dort natürlich nicht staubige sondern andere Geschichten. Verfolgen Sie bitte solche Geschichten. Auch ihre Spuren. Ihre Meldungen nimmt nicht entgegen: das Bundeskriminalamt in Wiesbaden und jede Polizeidienststelle. Verfolgen Sie bitte trotzdem solche Geschichten. Auch ihre kleinsten Spuren.

Beide wandern

Sie Gell, Baba, wenn des Wirtshaus auftaucht, des wo du auf der Landkartn gsehn hast, gehma hinein.
Er Ja, i versteh des aa net, auf da Landkartn is scho längst aufgetaucht. *Beide wandern weiter*
Er Vielleicht stimmt die Gegend nicht und es is abgrissn worn, des Haus.
Sie Dann müßt ma ja de Mauern sehn.
Er Schau amoi aus nach Mauern.
Sie Da hinten is so was. Hallo. Da ist jemand. Da san lauter Küa drin.
Er Ein Wirtshaus für Kühe. –
Sie Des ist ein Stall.
Er Ein Stall ist doch kein Wirtshaus. Schau amoi, ob de Küa Maßkrüg vor sich ham.
Sie Nein, nur Heu.
Er Dann ist es kein Wirtshaus.
Sie Aber Wirtshäuser für Kühe könnten scho so ausschaun.
Er Mit Heu? Daß die dann Heu bestellen moanst du, geh…
Sie Ja! Wirtshäuser für Kühe schaun natürlich ganz anders aus wie unsere Wirtshäuser…
Er Red net so gscheit daher. Du woaßt net amoi, wie unsere Wirtshäuser ausschaun.
Sie Ooooh. –
Er An Heuhaufen kriagt ma da im Kuhwirtshaus.
Sie Überleg doch, Babba. Heu is dochs Höchste für a Kua.
Er In so ein Wirtshaus ging i nie hinein.
Sie Aber de genga hinein! Des da hinten is jedenfalls stockvoll.

> Laßd' des ned bleibn Bua!
> Ma derf do net dAmeisn otreibn
> daß noo schnella lafa.
> Da waar ma ja da reinste
> Ameinsndeife.

Beide sitzen im Wohnzimmer
SIE In Spanien liegns jetzt in der Sonne.
ER Und wir, liegen im Regen.
SIE Übertreib nur nicht. Erstens regnets nicht und zweitens liegen wir nicht.
ER Erstens liegen wir nicht und zweitens regnet es nicht. Du mußt dich schon an die richtige Reihenfolge halten.
SIE Was für eine Reihenfolge?
ER Zuerst liegt man – und dann fangts plötzlich an zu regnen. Wenns zuerst regnet, wird doch niemand so blöd sein sich hinzulegen. – Außer er sucht was.
SIE Dazu braucht man sich nicht hinlegen. Vor allem nicht im Regen.
ER Doch. Wenns was ganz Kleines ist, im Sand z.B. am Meer. Und man hats eilig. Dann kanns sein, daß mans nicht derwarten kann, bis der Regen endlich aufgehört hat. Dann legt man sich halt hin, in Gottsnamen, im Regen. In den naßen Sand. Und sucht.
SIE Aber doch nicht mitsammen. Es genügt, wenn einer liegt...
ER Nein...
SIE Und der andere hält den Regenschirm drüber.
ER Jaaa, natürlich! Ich hab ja auch nur gemeint. Als Beispiel. Weil du gesagt hast: In Spanien liegns jetzt in der Sonne.
SIE Wer weiß, ob in Spanien grad die Sonne scheint?
ER S'Wetteramt.
SIE Vielleicht regnets grad in Spanien.
ER Dann liegns – im Hotel. Auch wenns nichts verlorn ham.
SIE Was denn? Nicht verloren?
ER Z.B. keine Haarnadel.
SIE Haarnadel?
ER Oder kein Zehnerl. Oder sonst nix. – Keinen Fahrschein nach Köln.
SIE Köln. Was suchst denn in Köln?
ER Keine Telefonnummer.
SIE Da schau her.
ER Nicht verloren! Verstehst des net. Keine Haarnadeln –
SIE *singt* Spanien ist mein Heimatland...
ER *singt* wo die schattigen Kastanien...
BEIDE *singen* blühen an des Elbrus Strand...
ER In Spanien ham mir nix verlorn, Mia! –
SIE Hier auch nichts.
ER Wir haben nirgends was verloren. Aber am ehesten noch hier was.

Im Riesenrad

ER *hilft ihr in die Gondel*
SIE Also, Suppen sind überhaupts meine Leibspeise!
ER So so . . .
SIE Ja!! Haferflockensuppe, Nudelsuppe . . .
ER Ja, die is gut. Die kenn ich.
SIE Pfannenkuchen-Suppe, Königinsuppe . . .
ER Geh!
SIE Ja, die gibts! Und Gras-Suppe.
ER Böller-Suppe. Klare Suppe. Knall-Suppe *begeistert sich*
SIE Nur Leberknödelsuppe mag ich einfach nicht.
ER Nein? Oder . . . Suppe des 17 ten Oktober!
SIE Suppe des 17 ten Oktober? Was warn da?
ER Bloß als Beispiel.
SIE Was könnte da gewesen sein als Beispiel?
ER Das weiß ich doch nicht. Vielleicht wird auch erst einmal was sein, am 17 ten Oktober. In der Zukunft.
SIE Ja. Da wird bestimmt was sein. Da muß man nur lange genug warten.
ER Und Suppen essen!
SIE Und Fernsehen schauen.
ER Damit man weiß, wie sich die Sache entwickelt.
SIE Oder selber etwas machen.
ER Am 17 ten Oktober. Das ist keine schlechte Idee.
SIE Mmmh. Suppe des 17ten Oktober. Mmmh – da mach ma ganz was Tolles, zum Beispiel.
ER Ja. Sowas! *begeistert* Das ist das richtige.
SIE *weint* Mei oh mei. Die vielen Toten und Verwundeten, dies da gebn wird. Ohweh. Wenn das gemacht wird.
ER Was denn?
SIE No, des was gmacht werdn muß am 17. Oktober. Wegen der Suppe.

26

ER Das geht eben nicht anders. Das muß sein. *Ihr wird allmählich schlecht.* Wann gehtn des endlich einmal los. *Schaut hinauf, versucht zu schaukeln. Sie greift sich an den Magen.* Ist Ihnen nicht gut? Das kann ja was wern. Sie, was habnS' denn gegessen?
SIE Einen . . . Leber-Käs. Aber der war nicht mehr richtig warm.
ER War er kalt?
SIE Auch nicht.
ER Aha, so in der Mittn drin. Das kenn ich.
SIE *schaut hilfesuchend herum, beugt sich nach hinten.*
ER Wahrscheinlich habn Sie zu wenig im Magen. Wissen S' was. Wir gehn hernach Würstl essen.
SIE Nein, Würstl mag ich nicht so gern.
ER Würstl nicht. Knödl mögen S' auch nicht. – Für Sie wäre so ein Mittelding das richtige, zwischen Knödl und Würstl.
SIE Ui ja! Wo gibtsn das?
ER Das gibts überhaupt noch nicht! – Würstl sind was längliches. Und Knödl sind rund. *Er zeigt es* – Die Verbindung wäre dann *er versucht es mit den Händen so zu formen* ein Knürstl.
SIE Und wo gibtsn die?
ER Die Knürstl – die gibts noch nicht. Aber das wäre vielleicht gar nicht so dumm. Knürstl machen. Das wär mal was Neues.
SIE Machen Sies. Sie sind ein Erfinder. Damit können Sie viel Geld verdienen.
ER Glauben Sie? Die Menschen sind schon so überfressen. Wenn die auch noch Knürstl essen.
SIE Das kann Ihnen doch egal sein.
ER Wer weiß . . .
SIE Doch, die werden bestimmt gekauft. Beim Oberkaufbullinger hab ich neulich so was Ähnliches gesehen, da sind die Leute Schlange gestanden.
ER So. Des gibts bereits? Knürstl?
SIE Nein nein. Nur so was Ähnliches.
ER Das ist mir eingefallen. Knürstl. Die darf mir keiner nachmachen. Wie haben die ausgschaut? Da muß ich hin.
SIE Aber wir sitzen doch im Riesenrad!
ER Das fahrt a so nicht.
SIE Da stehts ja: »geschlossen«.
ER Ah sehn S' dann kanns ja net fahrn, wenns da steht.
SIE Schade.
ER *eilig* Ja ja. Ein schönes Riesenrad! KommenS'!

THEATER AM SOZIALAMT

ANETTE SPOLA
8000 MÜNCHEN 40 · HAIMHAUSERSTRASSE 13a · TELEFON 345890

An das
Kulturreferat der Landeshauptstadt München
Rindermarkt 2-3
8000 München 2   München, den 20.3.1985

Betr. Projekt-Zuschuß für "Die Töchter des Erfinders" von Philip Arp

Die Bezuschussung wird beantragt für eine aufwendige Inszenierung in sieben Bildern. Maschinen auf der Bühne und eines Riesenkuchens. Nicht zu übersehen bitten wir, daß auch Filmaufnahmen eingeblendet werden müssen; nicht von Neunerstrauch sondern von Philip Arp. Der erste Vorsitzende des Obersten Sowjets tritt auf. Ein riesiger geschliffener Ring. Das Stück spielt zwischen 1890 und 1989. Das Stück ist auch von den Masken sehr aufwendig, da sowohl der 1. Vorsitzende des Sowjets als auch ein uralter Erfinder auftritt. Die Töchter in der Haartracht des Biedermeier. Es treten auf sowohl von Schauspielern gemimte Tanzbären als auch mit MG ausgerüstete KGB Leute. Es tritt auf eine Primaballerina zur einer dafür komponierten Musik. Die reizende Nummer von Leopold Mozarts Schlittenmusik wird zur Aufführung gebracht. Schneefallapparate mit deren Hilfe die Bühne in Neuschnee und in Innovation ersticken wird - sind bereits in Bau. Ein Postbote der Bundespost wird das Stück ebenso bereichern wie ein Schnellzugscoupe des Orient Express. Weitere Darstellerinnen mit Reifröcken und darunter hervor

schauenden Spitzenhosen unterhalten mit Tanz und ausgesuchtem
Gesang. Ein eigens dafür geschaffenes Lyrisches Werk wird
zur Uraufführung kommen. Ein eigener Apparat wird konstruiert,
um das Publikum innovativ zu beleidigen. Insgesamt besteht
das Ensemble aus 8 Mitwirkenden und 70 zuschauenden Mitwirkenden
die von der Innovationsmaschine ähnlich dem Anlaßereffekt eines
Autos in Gang gesetzt werden. Am Ende endet das Stück mit einem
großen innovativen Hinauswurf. Das Stück heisst:
'Die Töchter des Erfinders'. Die Garderoben der beiden
Töchter von ausgesuchter Elegance aus der Zeit von 1890
bis heute durch alle Stilarten. Mehrere Flügel sind notwendig.

Ein heiteres Problemstück, hochaktuell und lebenserhaltend
für uns alle.

In Vertretung der Leiterin Anette Spola
Philip Arp

Postkartencollagen 1. Valentinaden-Abend (1971)

Was i da bau? – Sie kenna doch diese Apparate, wo ma ganze Auto zampressn kon, bis so viereckat kloa san wia a Biertragerl. – Ja ja! Mei Apparat is vui gressa, des woaß i scho. Riesig is der sogar. Muaßa ja! Mit dem, wenna fertig is, presse de ganze Stadt München zam bis auf so a Viereckal, wias Hochhaus so kloa ungefähr. Des kon ma dann guat wegschmeißn.

Da Besitzer

Ma woaß ja aa gar net woa wohnt, da Besitzer von München. A Wampn soia habn, sagn de oana. I glab äher, daß so a dünna is. Gsehng hab ih'n aa no net. D. h. damals, wiara no mit seina Sonda-Trambahn im offna Wagon umananda gfahrn is, hätt ih'n fast gsehng, wenns eahm net de Kremdortn ins Gsicht gschmißn hättn.
I an seina Stei hät eahna de Stadt scho längst hi gschmißn. Aba wahrscheinlich geht des füa eahm net so einfach. Weil, – de ganze Isar soll eahm ja aa ghörn – , und dann lafat a Stückl davo durch München. – Wia soian des dann macha? – Er kannt zwar an Zaun himacha . . . aba mir müaßn ja drüba! – Und des bedeit dann natürle a Wertmindarung seiner Isar. Des müaßn aa seine Gegner zuagebn. Also des mit da Kremdortn war ja a schlechta Witz. Was kon der Mo dafür, wenn er Münchn von seim Vadda erbt. I glab, es is doch a so a dünna. Kremdortn werfa is witzlos. Wennses wenigstns vagift hättn.
Also wenn der d'Isar absperrt, souzusagen zum Sperrgebiet erklärt, der Luftraum darüber ghört ja dann mit dazu. Dann kenna mir nimma üba de Brückn nüba. Wenn i von da Au in Marienplatz nei möcht – des möcht i oft – muaß i dann entweda bis zur Donaumündung nunta und da schaung, daß i rüba kum, oda zur Quelle ins Karwendelgebirg, üba Berg drüba und dann auf die andare Seitn. Des is ein riesiga Umweg. I glab, der Weg über Plattling is no näher. Aba was solls! Drum hat des Kremdortn schmeißn auf den dünna Mo gar koan Sinn. Insbesonders wenns *nicht* vagift is.
Meinetwegn hata aa a Wampn. Mia in da Au drauß kenna sowieso nix gega den macha. Ja ja! Der laßt a Hochwassa kuma, und weg sama. Da müaßatn *de* obn in Bognhausn was toa – aba de helfa ja zu dem. Des is ja des. – Da Besitza von München. – A Wampn soia habn. Vielleicht isa a ganz a gmüatlicha Mo. I habn ja no nia richtig gsehng.

Olympiaturm

Gedränge. Schließen einer Aufzugtüre.
SIE Also das ist die Höhe. Drängen sich einfach vor. Beim nächsten Mal sind fei mir dran!
ER Hoffentlich bricht der Aufzug nicht grad bei uns.
SIE Der ist ganz neu.
ER Oder er fahrt anstatt nach oben nach unten. In die Tiefe.
SIE Geh.
ER Das merkst du gar nicht, wenn der Aufzug nach unten fahrt. Fuchzg Stockwerk. Oder hundert. Das ist so ein schwebendes Gefühl – und dann steigst aus, und bist in der Tiefe.
SIE Ja wennst oben einsteigst. Wir sind ja nicht oben.
ER Nein, wir sind unten!
SIE Ja das schon. Aber wenn wir unten einsteigen, dann können wir ja nicht . . .
ER Doch das können wir.
SIE Ach, jetzt weiß ichs. In Keller vom Olympiaturm möchtst du nunterfahrn, das sieht dir gleich. Aber da hast dich brennt. Der hat gar keinen.
ER Und ob der einen hat. Grad die Olympiatürme habn besonders tiefe Keller, das liegt nämlich an der Höhe . . . weil sonst . . . nämlich . . .
SIE Was willst denn überhaupt da unten? Da gibts doch keinen Rundblick.
ER Überall gibts an Rundblick.
SIE Aber sehn tust nichts.
ER Auch das ist nicht wahr.
SIE Ja einen Keller.
ER Ah! Jetzt gibts auf einmal einen Keller. Vorhin hast du so gredt, wie wennst noch nie einen Keller gsehn hättest.
SIE Fangst a so wieder an. – Dann fahr nur allein. – Ich fahr nicht mit in den Keller hinunter.
ER Ich ja auch nicht.
SIE Ja du!
ER Ich wollte mir nur . . . das schwebende Gefühl . . . dir . . . rauf runter net . . .
WACHMANN Keller? – Das ist doch der Olympiaturm.
SIE Siehst das.

Er Fragn einmal, ob der Turm Seitenäste hat und ob er noch wachst?
Wachmann 326 Meter hoch. Die Aussichtsplattform befindet sich in einer Höhe von 280 Metern. Von dort haben Sie einen herrlichen Rundblick.
Sie Jetzt hast es.
Er Sie, wenn der Turm eckig wär, hätt man dann auch einen Rundblick?
Öffnen einer Aufzugstür
Wachmann Einsteigen. Sie sind dran. *Sie steigen ein. Türe wird geschlossen.*
Er Jetzt sin ma dran. *Summen eines fahrenden Aufzugs* Ah! Fühlst dus! Das Gefühl! Das hab ich gemeint. Hinunter! Hinunter! Hinunter!
Sie Pscht!
Wachmann Was möchten Sie bitte?
Sie Ach – der meints nicht so. – Das ist eine lange Fahrt, gell!
Er Ja. Das sind Schnellaufzüge.
Sie Ja. Allerhand.
Er Aber das nützt ihnen nix. Weil – der Turm ist für sie zu hoch.
Sie Ein Glück, daß er nicht höher ist.
Er Ja! Dann wär er viel zu hoch.
Sie Aber zu niedrig ist er auf keinen Fall!
Er Nein nein. Schon eher – hat er genau die richtige Höhe, für einen Olympiaturm. – Wenn ma nur nicht ersaufen da heroben. Lassen S' mich an die Tür. *Er drängt an die Tür.*
Wachmann Was wünschen Sie bitte?
Er Da oben ist ein Restaurant, gell? Die habn doch bestimmt a Küch, gell?
Sie Was willstn?
Er Wenn da ein Wasserrohr platzt, was meinen S', wie schnell sich der Turm mit Wasser füllt. Und mir können nicht raus.
Wachmann Das gibt es nicht. Ein Turm, der sich mit Wasser füllt! Haha. Das wäre ja . . .
Er Ein Wasserturm. Haha. Oder nehmen wir einmal ein Feuer an.
Wachmann Endstation. Bitte aussteigen. – Danke sehr.
Türöffnen. Schritte.
Er Oder ein mittleres Erdbeben . . .
Sie Komm. Da gehts zur Plattform. *Sie gehen.* Ah! – Schau! —
Er Ein herrlicher Rundblick.
Sie Das ganze . . . Gelände sieht man.
Er Durchs Geländer.
Sie Wie die wurln. Und durcheinander laufen.
Er Wie ein Haufen winzige Elefanten.
Sie Und da, das Olympiastadion.
Er Schau nicht nei, Mia. Wir habn kein Eintrittsbillet.
Sie Das mußt nächstes Jahr sagen! – Die bauen noch!
Er Dann schau ruhig nei. Bauen das kostet nichts.

Gipfel

Tisch, Hocker, Stühle unter einem Tuch bilden einen Felsengebirgs-Berg. Ein Papierknäuel unter dem Tuch ist der Gipfel

Er *auf einen Felsen kletternd* Halt dich nur fest ein, Mia! Daß dich nicht nunterdradelt. – Sonst geh ich nie mehr mit dir ins Gebirg! Da mußt hersteign, auf die Felsnase. *Er zieht sie aus der Kulisse herauf. Sie hat einen großen Rucksack auf dem Buckel*

Sie Ja, ja. Geh nur weg, sonst steig i dir auf Zächan.

Er Siehst, das ist die Felsregion, wie ich dir gsagt hab: Die Latschen bleiben zurück. . . .

Sie Ich wär auch bald zrückbliebn. Du rennst auf einmal los.

Er Aber, die Mühe hat sich rentiert. Drei Schritt noch, und wir sind am Gipfel.

Sie Die drei Schritt kannst allein gehn. Ich bleib gleich da.

Er *wendet sich zurück* Dann kannst aber nicht sagn, daß d aufm Herzogstand warst.

Sie Der Herzogstand ist auch bei mir . . .

Er Nur der Gipfel . . .

Sie Der Herzogstand ist der ganze Berg . . .

Er Dann könnst ja gleich unten mit einem Fuß hintreten, einmal, ganz unten, und dann sagn, du warst – drobn.

Sie Außerdem san mir auf da Brechaspitz.

Er *untersucht mit der Hand den Gipfel* Ja ja. Des hab ich ja gmeint. Aufm Herzogstand warn mir ja vorigs Jahr. Da bist auch nicht ganz hinaufgekommen. – Aber ich erklimme. Da laß ich mich nicht aufhalten von dir. *Er steigt ganz hinauf* Ah! Wunderbar. – *Hat einen Stiefel auf der Leinwandspitze* Da kann ich nach alle Seitn schaun. *Schaut nach links – dann nach rechts*

Sie *äfft nach* Alle Seitn! – Wieviel Seitn gibtsn da obn?

Er Und nach vorn, und nach hintn. *Er tritt auf der Leinwandspitze herum und zertrampelt sie.*

Sie Du trampelst den ganzen Gipfel zusammen. *Sie packt das Essen aus*

Er Das könnt die Dreitorspitz sein. – Eins . . . zwei . . . na, des san bloß zwei Tor.

Sie Ihr ruinierts no de ganzn Berg.

Er Und da hintn – das hintere Karwendel.

Sie S'Salz is ausglaffa. *Sie packt weiter aus*

Er Ein Anblick – erhebend.

Sie Berge sind immer erhebend. Jetzt hock dich her da.

Er Dagegen Tiefebenen . . . ganz was anders. *Steigt hinunter*

Sie Das Ei mußt in Rucksack eintauchen, ganz nunter, da is Salz unten. *Gibt ihm Ei und Rucksack*

Er *stehend* So weit nunter? Da tauch is glei besser ins Salzbergwerk nunta. *Er setzt sich auf ein Kissen, das sie ihm bereit gelegt hat*

– Jedes Jahr ein Gipfel. – Sind ungefähr 69 im Leben.

Sie *lacht* Für dich sinds natürlich weniger.

Er Mich hat zum Glück mein Vater schon als Kleinkind mit hinauf auf die Berge. – Damals war alles noch unberührter. *Er deutet auf den kaputten Gipfel* – Jedes Jahr. Eine Schinderei. Einmal, als Knabe, hab ich biseln müssen oben, am Gipfel. Alles voller Leit. Und kein Strauch, nix.

Sie Was hastn da gmacht?

Er *lacht* Das sag ich nicht.

Sie *trinkt aus der Thermosflasche* Der is noch schön heiß. Da.

Er *setzt an – muß lachen – trinkt* Ahhh! Das laft oan nunta. Ahh. – Eine Fernsicht is des heit. Des is d'Isar, was da so glänzt – Wolfratshausn – und da! Des Häusermeer im Dunste, ganz draußn, des is München.

Sie Meinst du den braunen Fleck?

Er Ein seltner Fernblick – München!

Sie Ob die uns auch alle sehn?

Er Wink einmal.

Sie *winkt*

Er Da wenn jetzt einer mitm Fernrohr grad hergschaut hat, dann hat er dich winken sehn.

Sie Und winkt jetzt wahrscheinlich zurück.

Er Wenn ma a Fernrohr hättn . . .

Sie Hättma'n winkn gsehn.

Er Wenn alle a Fernrohr hättn alle Münchner . . . *Er berauscht sich an dem Gedanken, daß alle Münchner mit einem Fernrohr auf ihn schauen*

Sie Da wachst noch Gras zwischen die Felsen.

Er *wieder belehrend* Das Gras bleibt erst weiter oben zurück. Dann sinds bloß noch Felsen. Die Felsregion. Da hätt ma höher steign müssen.

Sie Höher gehts doch gar nicht mehr. *Deutet auf den Gipfel*

Er Da nicht. Aber weiter hintn gehts höher. Wo die 3 Tausender stehn.

Sie Die drei da? Wo einer fehlt?

Er Des is ja bloß a 17 Hunderter. Das ist ja im Grunde lächerlich, wie tief dieser Berg ist. Aber mit dir zusammen . . .

Sie *gräbt mit dem Zeigefinger im Gras*

Er Was kratztn da?

Sie *findet was* Der Ring mit dem Amethyst.

Er Des is ja der Ring mit dem Amethyst, den wost du vor drei Jahr beim Bergsteign verlorn hast!

Sie Aufm Gipfl. Beim Brotzeitmacha.

Er Wie kommtn der auf den Gipfel?

Sie Mit diesem Finger wahrscheinlich.

Er Ja mei. – Andere Leit verwechseln d Hausschlüßl oder d Regnschirm, – aber des ist ja eine Kleinigkeit, mir verwechseln die Berggipfel . . .

Sie Du.
Er Ja mei. Dann san ma jetzt ganz umasunst da raufgstiegn.
Sie Ganz umsonst nicht. – Da schau! Wie der noch funkelt!
Er Bei dene Alpenglühn, wo der gsehn hat, ist das Funkeln keine Kunst. – Ganz umasunst.

Beim Diktat

Sie *schreibt auf einer Schreibmaschine*
Er *diktierend* . . .Gleich zu Anfang meines Briefes möchte ich Ihnen . . . nein! nicht Brief . . . Schreiben schreibn S' . . . zu Anfang meines Schreibens möchte ich Ihnen schreiben,
Sie Zweimal schreiben!
Er *winkt ab* . . . daß ich Sie . . . indem! Ich Sie auf den Schluß . . . nein . . . auf das Ende meines Briefes hin verweise, Komma,
Sie . . . das e geht nicht!
Er bessern S' es aus mitm Bleistift.
Sie *schreibt* . . . das ge ge geht auch nicht.
Er Da brauchen S' doch nicht stolpern – ich meine stottern. Wenn das gegeht nicht, ah, wenn das ge nicht geht. Da sagnS' einfach: das ge geht nicht! Ganz einfach – ge geht nicht. Schreibn S' es mit Bleistift nach.
Sie So ein Glump. *Schreibt* So ein Glump, so ein glumperts.
Er Is gar nicht wert, daß man sich ärgeht, dHauptsach, daß ergäht.
Sie So ein Glump.
Er Ärgeht e net. – Probier einmal obs Ärgeht! – Gehtsär?
Sie Sehgehtnet, gegetnet, särgeht net. Des is scho zum Ärgehn!
Er Sinds froh, daß die andern alle genga. Stellns Ihner voa wenns a aa net geh dat! Und zsie!
Sie Dann schmeißat es aber hinter.
Er So? Und was meinens, daß dann wär!
Sie Nix!
Er Dann gangat säm vielleicht a nimmer. Und sbe und eventuäll säll!
Sie Geh hörn's nur wieder auf. Ich habs ja noch net hintergeschmissen.
Er Aber nehmen wir einmal den Fall an, net, den Fall des Falles. Und es gangat säm nimma! Und säll! Und sim und som und sla und sbe und sde! Ha?
Sie Dann schmeißat es bestimmt hinter.
Er So? – Dann müaßatnses vorher aber aa scho hintergschmissn habn. Weil sonst sge ja no gangat und äno, und äll und säm. Vastähst.

SIE Dann müßtes also jetzt hinterschmeißn, damit es hernach hinterschmeißen könnt?
ER Ja. – Oder Sie schmeißens net hinter. Des geht natürlich aa.
SIE Ja, des geht natürlich aa.
ER Ist aber nicht so schön.
ER Wie weit sind S'n überhaupt mit dem Satz ... der Brief muß heute noch hinaus.
SIE Bis zum Ende.
ER Gut. Lesen S' einmal das letzte nochmal vor!
SIE *Liest.* Das Ende.
ER Punkt! Sehr gut. Hochachtungsvoll ...
SIE *Im gleichen Ton.* Sechse is.
ER Sechse is scho! *Beide schnell ab.*

Immer wenn ich dir rufe

SIE Philip! Philip! *Rennt durch Türen. Türen auf, zu* Philip! Immer wenn ich dir rufe, bist du nicht da.
ER Das ist doch klar.
SIE Einmal könntst du doch da sein!
ER Nein nein! – Geht einfach nicht. Sonst wirst du verrückt.
SIE Ich bin aber nicht verrückt.
ER Dann rufe mir nach, nur wenn ich nicht da bin, sonst ...
SIE Was machst du denn hier schon wieder?
ER Ich sitz schon wieder am Telefon!
SIE *verschwörerisch* Ja! Was für Anrufe machst du heute? Was ist aus dem Verein der Totengräber geworden?
ER Nichts. Totengräber haben keinen Humor. Das ganze wird immer mehr ein juristisches Problem.
SIE Und das kannst du nicht. Das ist schlecht für dich.
ER Doch doch. Ich hab Juristen zur Seite. Sehr tüchtige.
SIE Wen rufst du heute an? Laß mich mithören. – Gib her!
ER Pscht. *Wählen* Donau Dampfschiffahrtsgesellschaft Passau.

Szenenfotos mit Anette Spola

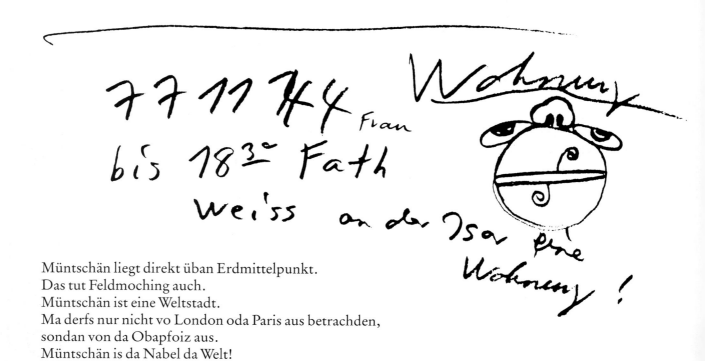

Müntschän liegt direkt üban Erdmittelpunkt.
Das tut Feldmoching auch.
Müntschän ist eine Weltstadt.
Ma derfs nur nicht vo London oda Paris aus betrachden,
sondan von da Obapfoiz aus.
Müntschän is da Nabel da Welt!
In dem Nabel ist es so gemütlich.
Des ist ein Nabel mit Herz,
der einem manchmal zum Hals heraus hängt.

Unta jeda Straß is a lafade Odlgruam.
Des derf ma net vagessn.
Des Gschdingate is bloß vadeckt in da Stadt.
Denn eigntli is des a großa Stoi,
so a Stadt, des is des.

Daxi is zteier, Trambahn fahrt aa koane mehr.
Na muaß i halt schaung daß i zFuaß
nach Berg am Loam kum.
Und des bei dem Sauwetta.
Da derfst fei vui Schritt macha.
I red ma bei sowas imma guat zua:
Oiwei no bessa wia wennst in Berlach wohna dast.
Oda in Trudaring, oda in Daglfing.
Oder in . . . und bis i de alle aufzählt hab,
bin i scho fast in Berg am Loam.

München in Schale

Diese Nußschalenbildung um die ganze Stadt herum ist ein chemisches Phänomen sozusagen! Die fürchterlichen Abgase und die Abfallreste in der Luft müssen sich, in Verbindung mit dem entgegenströmenden Sauerstoff aus Grünwald, Ebersberg und dem Forstenrieder Park, zu dieser gigantischen Nußschale entwickelt haben, die jetzt die ganze Stadt einschließt. Über Nacht ist das gekommen. Eine harte Nuß. Ich bin zufällig Gottseidank draußen.
Wies drinnen aussieht, kann bis zur Stunde niemand genau sagen. Die Schale ist so dick, daß nicht einmal der Funkverkehr durchkommt. Also weiß man gar nichts. – In der Gegend von Ludwigsfeld hab ich mich dem Monstrum genähert und dagegen geklopft. – Ohne Erfolg. – Ich habe schließlich drei Kinder drin, zwei Frauen und eine Mutter, das Einwohnermeldeamt, die Gesundheitsbehörde und sieben Ministerien. Und das ist nur ein kleiner Teil. Ich hab noch viel mehr drin: einen Mahagonischrank, einen runden Tisch mit gedrechselten Beinen und . . . ich kann das gar nicht alles aufzählen.

Man kann das natürlich nicht auf sich beruhen lassen. Wie ich gehört habe, rotten sich die Bauern aus dem Oberland schon zusammen. Mit Dreschmaschinen, Dreschflegeln, Patentpflügen und Traktoren, in Richtung München. Aber ob die was ausrichten werden gegen den hartchemischen Wall, ist zu bezweifeln. Nachdem man das Militär schnell wieder abgezogen hat. Die wollten doch tatsächlich hineinschießen und mit ihren Panzern hineinbrechen. – Viel zu gefährlich für die Münchner, wie die Wissenschaftler sagen. Denn da innen hat sich, so sagen sie, längst eine eigene Atmosphäre gebildet mit Lebensumständen, für die ein plötzlicher Einbruch den Zusammenbruch bedeuten würde. Ich weiß es nicht. Aber wenn sie recht haben, dann würde das ja bedeuten, daß wir in der nächsten Zeit ohne München auskommen müßten. Das wäre noch nicht einmal so schlimm. Wenn ich auch den gedrechselten Tisch und die drei Stühle, in Wiener Barock, sehr vermisse. Andere haben noch größere Verluste. Und man muß auch an die denken, die drin eingeschlossen sind. – Die Leute in der Innenstadt werden zwar gar nicht so viel davon merken. – Erst am Sonntag, wenns rausfahrn wollen, – das wird ein Verkehrschaos geben, wenn die hinteren nachdrängen und hupen, und die vorderen können nicht weiter. Wegen der Nuß. Daran mag ich gar nicht denken.
Wir draußen können nach Freising fahren oder nach Dachau, wie wir wollen. Allerdings die Umgehungsautobahn, die wäre jetzt dringender als je, für uns draußen.

Er Und du ziehst mir keine Schuhe mit spitzige Absätze an.
Sie A geh! Die san doch so schön.
Er Nein! Wenn ein Kranker am Boden liegt – dann spießt du ihn auf.
Sie Ich schau ja immer auf den Boden.
Er Dann haust dir den Kopf an.
Sie An was soll ich mich denn da anhaun in der Stadt?
Er Ja, – des wirst dann schon sehn!
Sie Nein! Wenn ich aufn Bodn schau, seh ichs doch dann nicht.
Er Ach so, ja – dazu mußt eben dann ausnahmsweise nach oben schaun. – Aber dann spießt du die Kranken auf, die unten liegen.

Sie Also, was ist jetzt wichtiger?
Er ... Schau lieber nach unten!
Sie Ja! Gut! Kann ich dann auch die Schuh mit den spitzigen Absätzen anziehn?
Er Was »auch«?
Sie Wenn ich mir schon den Kopf anhau dafür.
Er Ist ja nicht gesagt, daß du dir unbedingt den Kopf anhaun mußt. Und vielleicht liegt heute auch einmal grade kein Kranker am Boden, kann ja auch einmal sein.
Sie Dann hau ich mir dafür die Schulter an und spieß an Frosch auf oder a Schildkrötn.
Er Durch'n Panzer?
Sie Und aufn Kopf setz ich an Helm!
Er Panzer und Helm. – Und des alles bloß, weilst so eigensinnig bist und spitzige Absätz tragn mußt.
Sie Bitte. Ich muß ja nicht. Ich kann auch einen Mädchendolch in der Handtasche tragen.
Er Wär mir lieber, ja.
Sie Ein Dolch wär dir lieber?
Er Und eine kugelsichere Weste. Wennst durchn Wald gehst. – Wegen der Raubritter.
Sie De Raubritter?
Er Ja, de raub ... rittern immer noch durchs Land.
Sie Saugfährlich! Meinst, daß ich da mit mein Dolch?
Er Da hast an Ausweis, den tust zu deinem Dolch. Wenn sie dich umzingeln, zeigstn ihnen. – Da steht drauf, daß du selber eine Raubritterin bist. Aber zeig ihn nicht in der Stadt her! Da hast noch einen: Da steht drauf, daß du Bürgerin von der Stadt bist – halt! Getrennt aufbewahren. Nicht beim Dolch. Hast des begriffen: Wenns dich in der Stadt umzingeln. –
Sie Umzingeln?
Er Umzingeln, jawohl, das passiert schneller, als man glaubt. Dann nützen de spitzigen Absätz nix und der Dolch nix und der Helm und das Panzerhemd – ich weiß, wie das ist – glaub mirs, rundherum sind sie, die andern, man kann sie fast nicht überleben.
Sie Ich lach sie einfach an, sag Tschüß und zeig ihnen *den* Ausweis.
Er Ein *Geheim*ausweis. Mit Foto! Da schaug her. Des ist ja a Ameisn.
Sie Darf überall durch. Is fleißig.
Er Emsig! – A Riesenorganisation. – Erstaunlich. – A Ameisn kann doch net so an großn Ausweis mitschleppa.
Sie Der is ja für a ganzes Volk.
Er Woher hastn den? Hast den gstohln?
Sie Aus an Ameisenhaufa.
Er Da is jetzt dann a ganzes Volk ohne Ausweis! Hast dir das überlegt?
Sie Er ist ganz untn glegn, und es warn lauter alte Tannanadln drauf.
Er Dann hamsn gar net in Gebrauch ghabt.
Sie Naa.
Er So oan möcht i aa.

Da Doud is zu an Strassn...

...kehra kumma und hatn gfragt: No was is! Kehrn ma mitananda?

Dea Schdraßnkehra hat nix gsagt und hat einfach weidakehrt.

Da hatn da Dod nomoi oogredt. Hä du, hast koa Lust? Gfragt hab i di, ob mia zwoa mitananda kehrn woin!

Do hat da Straßnkehra endlich aufgschaugt und hat gsagt: »Ich Türke. Nix vastehn.«

Dringende Umbenennungen

Für einige Plätze und Straßen in München wäre eine dringende Umbenennung sehr dringend. Z. B. fließt am Lenbachplatz längst kein Bach mehr, so daß man ihn besser Lenplatz nennen würde, was auch kürzer wäre.

Das Tal, längst eingeebnet, hieße besser das Ebene Tal, was ein viel längerer Name wäre als das kurze Tal, das ja gar nicht so kurz ist. (Immerhin vom Alten Rathaus bis zum Isartor). Beim Stiglmeierplatz könnte man sich den nichtssagenden Namen Meier wirklich sparen und stattdessen unverwechselbar Stiglplatz sagen.

Den Platz die Münchner Freiheit würde ich in Müheit umändern, da hätte jeder die Freiheit und könnte sich was drunter vorstellen. Und klänge lange nicht so gespreizt. Müheit! Den Ziesegirbler Platz dagegen würde ich nicht antasten, weil er einer der Zieselierpunkte unserer Stadt ist, und außerdem die Straßenbahnschaffner viel zu lange brauchen würden, um ihn zu vergessen.

Den Englischen Turm würde ich in Chinesischen Turm umbenennen, und den Chinesischen Garten in Englischen Garten. Die Zwei-Brükken-Straße in Straße Nr. 2, Kaulbach und Reichenbachstraße in Kaul und Reichen, Perusa in USA. Und die Teresien Wiese in Teerwiese.

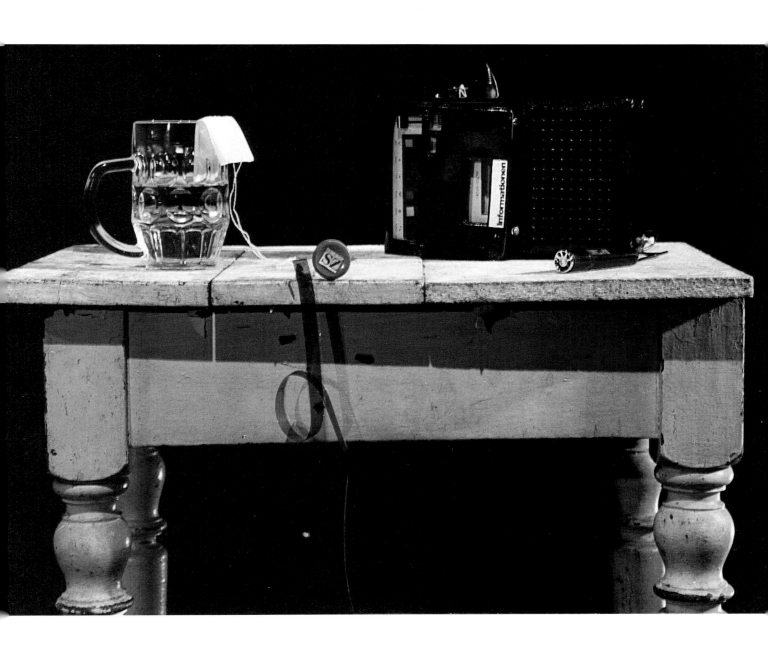

I:D woaß'a net :|

Bierbeutel

An modernem Tisch und Stuhl sitzend. Arp hat einen Glas-Bierkrug vor sich stehen, gefüllt, oben Schaum. Er hebt an einem Faden einen Bierbeutel – etwas größer als ein Teebeutel – im Bier auf und ab.

Arp: Man gewöhnt sich an alles. – Die Hauptsach ist, es funktioniert. Aus einfachem kalten Wasser, wunderbares frisches Bier. *Er trinkt* – Trotzdem immer wieder – wie ein Wunder für mich, diese Bierbeutel. Und billiger sinds auch. Da kommt jetzt die Hoibe auf . . . ca . . . 30 Einheiten. Kleine Einheiten! Kleinheiten wie d'Leit sagn. – Jedenfalls immer noch besser als in so ein Sommersches Biergartenmuseum gehn, mit Originalstammtisch, und wia die Sachan frühers alle ghoaßn ham. – Is außerdem nur für Prominente. *Er buchstabiert* Au-gu-stiner. *Er schüttelt den Kopf und sich* Bierbeutel! – Wenn man das im Jahr . . . 74 jemand erzählt hätt, da wär man für an Komiker gehalten worn. – Aber Kinder und Narren . . . so heißts ja. – Zenzi! Bringst ma amoi Zeitung bitte? Schaung, was in da Galaxis los is. Obs des Viech ohne Haxn scho gfanga ham. Ohne Haxn. – Hoit, ich muß ja morgen nach Moosach naus.

Er wiederholt den Befehl zur Erinnerung in einen als persönlichen Computer getarnten Cassetten Recorder

Ich muß morng nach Moosach naus. Nicht vergessen mich zu erinnern!
Piepsstimme aus dem Recorder antwortet: »Is scho recht.«

De kurze Streck geh ich am besten z'Fuß. Wega de paar Kilometer wars ja schad ums Uran. Da liegts, *die Zeitung,* vor da Nasn und sagt nix! – I habs scho, Zenzi! –

Er nimmt vom Tisch ein kleines Kunststoffkästchen, wie ein Bleistiftspitzer etc., mit Druckknopf oder Drehknopf zum Blättern und einer Öffnung zum Durchsehn, mit einer Mikrofilm-Zeitung im Innern alter Foro Film, und schaut hinein. Dreht dazwischen – liest.

»Kanzler Schmid der Zweite.« – Schaut sein Vatta gleich. – Aber de schaun sich allmählich alle gleich. . . . . Was? Das ist ja unerhört. Kunstwasser im leeren Isarbett. Des muß i glei mein Hund sagn.

Er redet wieder in seinen Computer
Meinem Hund sagen, er soll nicht in d Isar neitapsen. Das ist Kunstwasser!

Antwort »Is scho recht.«

Des is recht. Gott sei Dank. Den wenn i net hätt, war i aufgschmissn. Der sagt immer: Is scho recht. Das beruhigt einen. *Er liest weiter*

Beck-en-bauer, ist gestern im Alter von 88 Jahren . . . . – Der Fernsehturm wird morgen gesprengt . . . Die letzten 10 Kilometer Autobahn wurden gestern unter dem Beisein des Bundespräsidenten wieder urbar gemacht. – Dann hamses ja jetzt endlich wieder weg. Es gibt wieder Maikäfer . . . . ah! . . . des muaß i ma rausschneiden. – Des heb ich mir auf!

egal sein ...

[handschriftlich:] Nein nein. – das erfind ich nicht! Grad mit Fleiß net.

Blutfahne – Verjährt

Im Laden einer Reinigung. Mit Stange, an der eine Anzahl Drahtkleiderbügel mit Jacken, Mäntel etc. unter Plastikhüllen hängen.
Angestellte der Reinigung, bieder, spießig-treudeutsch, hinter der Ladentheke.
Mann, älter, etwas skurril, mit Paket, das mit Packpapier eingewickelt ist, vor der Theke.
Junger Mann, blond, aufrecht, Germane, Sportler, mit Sport- oder Ledermantel über dem Arm.

ANGESTELLTE Für Mäntel haben wir grade ermäßigte Preise. Moment – der Herr war vor Ihnen da.
MANN *legt das Paket auf den Ladentisch*
ANGESTELLTE *wiegt das Paket in der Hand* Bettwäsche ist leider gleich geblieben.
MANN Schaun S'doch hinein.
ANGESTELLTE *packt aus* Eine Fahne?
JUNGER MANN *hüstelt*
ANGESTELLTE Eine Hitlerfahne. – Die wolln Sie gereinigt haben? *Untersucht sie* Pfui! Was ist denn da dran?
MANN Blut.
JUNGER MANN *ist sehr interessiert*
ANGESTELLTE Das ist aber viel Blut. *Sie flüchtet sich in die Nähe des jungen Mannes.* Haben Sie jemand umgebracht und ihn dann eingewickelt?
MANN Ich hab noch nie jemand umgebracht. Aber die, denen die Fahne gehört hat, viele! Die Fahne ist nämlich gestohlen.
JUNGER MANN *ist noch interessierter*
MANN 1945, als die Amerikaner kamen. Aus dem Braunen Haus, der Nazizentrale...
JUNGER MANN *zuckt zusammen, sein Blick wird allmählich andächtig wie vor einem Heiligtum*
MANN Da ist sie im Keller gehängt, damits geschützt war vor den Bomben. Meine Frau war da nämlich Putzfrau und hats in Packpapier eingewickelt und zu uns heimgetragen. – Damals ist ja alles durcheinander gegangen. – Habn S'des nicht gelernt in der Schule, von der Feldherrnhalle 1923, wo 16 Nazi totgeschossen worden sind hinter dieser Fahne?

Kinderzeichnung (1937)

ANGESTELLTE Um Gotteswillen! Die Blutzeugen der Bewegung! Und das ist ihr Blut. Diese Fahne ist für viele Deutsche ein Heiligtum . . . Sie ist von unermeßlichem Wert. – Die nehme ich nicht zur Reinigung an, das wär ja ein Verbrechen.
MANN Geh! Sie stelln ja alles auf den Kopf. *Die* warn die Verbrecher!
JUNGER MANN *versucht sich einzumischen, hysterisch* Vorsicht! Sie fällt!
MANN Nana. Keine Angst, Herr Sturmführer. – Ja, wenn *Sie* den Auftrag nicht annehmen, dann werf ichs in mei Waschmaschin.
ANGESTELLTE *prüft das Gewebe* Dann haben Sie nur noch kleine Fetzen am Ende.
MANN Und Sie glauben, es würde wirklich jemand was bezahlen dafür. Ein reicher Amerikaner eventuell, der dafür ein eigenes Museum baut.
JUNGER MANN Diese Fahne geht nicht nach Amerika, sie bleibt im Reich.
MANN Was für ein Reich? Österreich eventuell. Jaja, die ham wieder an Nazi.
JUNGER MANN *hysterisch, am Ende seiner Beherrschung* Nestbeschmutzer! Sie gehören an die Wand gestellt. *Bedrohlich*
MANN Zum Glück hab ich für die Zeit eine Funkstreife bestellt. *Ängstlich* Aber ich glaube, die sind nicht pünktlich. Kann ich einmal telefoniern bei Ihnen?
ANGESTELLTE Das Telefon ist leider kaputt.
JUNGER MANN *ins Publikum, in die letzte Reihe, wo sich inzwischen fünf junge Germanen ihrer Jacken entledigt haben und in weißen Hemden sitzen.* Jetzt geht dem Scheißkerl der Arsch.
MANN Ah! Wie vor 1933, wo am Bühneneingang die SA stand und die Kabarettisten verprügelt hat. Soweit is schon . . .
JUNGER MANN *gibt ein Zeichen in die letzte Reihe, die fünf Neonazis rumpeln auf und stürzen zur Tür hinaus.*
MANN *stürzt ebenfalls hinaus. Man hört Lärm und Schreie aus dem Foyer. Er kommt blutüberströmt und mit zerfetzten Kleidern zurück, schwankend.* Bitte! Helfen Sie mir! Rufen Sie die Polizei, begleiten Sie mich hinaus.

An der Eingangstür stehen die Weißhemden, fixieren gefährlich das Publikum und feixen.

über Fahnen

Er *mit Paket* Sie, wieviel kostn das, eine Fahne in die Reinigung geben?
Sie *hinter dem Ladentisch* Das kommt darauf an, wie groß.
Er Von welchem Land, das ist egal?
Sie Darf ich mal sehen?
Er Bitte, wie halt a dreckige Fahne ausschaut. – PassenS'auf, die ist noch feucht.
Sie Aha. *Sie nimmt sie auseinander. Es ist eine weißblaue Bayern-Fahne.*
Er Weil ichs zuerst selber waschen wollt. Aber die geht ja ein und aus. – Die Farbe geht aus. Das andere – ein. Wird immer weniger.
Sie 4,50.
Er Billig. Da schaunS'. Das Weiß is hellblau worn. So ein Land kenn ich gar nicht.
Sie Wir reinigen seit 100 Jahren Fahnen. Es ist noch nie etwas passiert.
Er So? 100 Jahre – nix passiert! Mit die Fahnen. Auch französische?
Sie Ab und zu.
Er Reinigen sie auch amerikanische?
Sie Hin und wieder.
Er Und englische?
Sie Auch.
HamS'russische aa scho greinigt?
Sicher sicher.
Aber österreichische?
Schon oft.
Marokkanische?
Doch.
Spanische?
Fast täglich.
Italienische? Saudiarabische? Ja Freilich
Viele. Griechische? Jaaaa. Türkische? Oh ja!
Serbische? Gelegentlich. Mexikanische? Mehrmals. Indische?
Früher. Chinesische? Natürlich. Indonesische? Kommt vor.
Ungarische? Neuerdings. Polnische? Mehr. Tagtäglich.
Kommt vor. Massig. Isländische? DDR Fahnen? BRD Fahnen?

München, den

Hochverehrter Amadeus!

Heute muß ich Ihnen von allerlei Seltsamkeiten
dieserorts berichten.
Im Lechl schwächl werden viele Häuser abgerissen,
wo Menschen darin wohnen Kanonen und dafür Büro
oder Banken neu erbaut versaut. Ich wohne auch in
so einem Haus raus das auf dem Abreißkalender
steht und wenn ich das manchem erzähle quäle,
werde ich gleich für einen Hausbesetzer angesehen.
Ich kann aber nichts dafür Geschwür, es ist ein
ganz anständiges Haus und wohnen allerhand alte
Leute Beute darin. Aber die Zeitungen werden es
denen Immobilien Leuten schon zeigen Anzeigen
und wir hoffen Kartoffeln und bestimmt hilft uns
die Stadt platt und die Regierung Verzierung.

So sehen die Sorgen aus, die uns drücken wollen,
und der Teufel soll sie holen gestohlen. Und ich
wollte ich wäre in Bolonga.

Seid Allseits gegrüßt von Ihrem

Mir ist, als liegt
Immer da wo Weinen und
Lachen nicht mehr zueinander
gehalten werden können,
steigt eine zarte schmale
Rauchsäule auf, voll betäubend
süßlichen Düftes.
            Georg Gullowitz

Zeichnungen von 1947 bis 1980

Bleistift, 20 x 15, 1947

Bleistift, 17,5 x 15,5, 1947

Bleistift, 20,8 x 15,7, 1947

Bleistift, 20,9 x 14,9, 1947

Köpfe, drei Blätter, Bleistift, 1947

Bleistift, 20 × 15, 1947

Rohrfeder, Tusche, 21 x 16,2, 1963
Rohrfeder, Sepia, 21 x 16,2, 1963

Rohrfeder, Sepia, 21 x 16,2, 1963
Rohrfeder, Tusche, 21 x 16,2, 1963

Rohrfeder, Tusche, 21 x 16,2, 1963

Feder, Tusche, 29,7 x 20,9, 1970

Feder, Tusche, 21,7 x 16,5, 1970

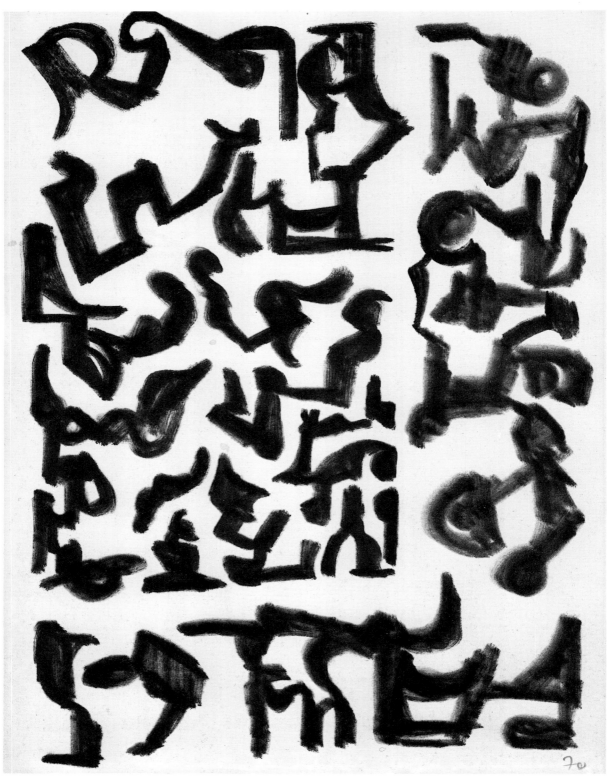

Filzstift, 27,5 x 21, 1970

Filzstift, 27,5 x 21, 1970

Selbstbildnis, Bleistift, 21 x 15,2, 1943/44
Selbstbildnis, Rohrfeder, Tusche,
21 x 16,3, 10. 10. 1963

Selbstbildnis, Bleistift, 19,9 x 14, 1943/44
Selbstbildnis, Feder, Tusche,
21 x 15, 2. 3. 1964

Selbstbildnis, Bleistift, 21 x 13,9, 5. 1. 1947
Selbstbildnis, Filzstift, 27,7 x 21, 1972

Selbstbildnis, Bleistift, 20,9 x 14,8, 1947
A. S., Rohrfeder, Tusche, 21 x 16,3, 1963

Selbstbildnis, Bleistift, 21,4 x 14,8, 28. 10. 1950
Selbstbildnis, Rohrfeder, Feder, Tusche, 21 x 16,3, 1963

Selbstbildnis, Feder, Tusche, 21 x 15, 28. 4. 1951
Selbstbildnis, Rohrfeder, Tusche, 21 x 16,3, 1963

Filzstift, Feder, 27,7 x 21, 1972

Filzstift, 27,7 x 21, 1972

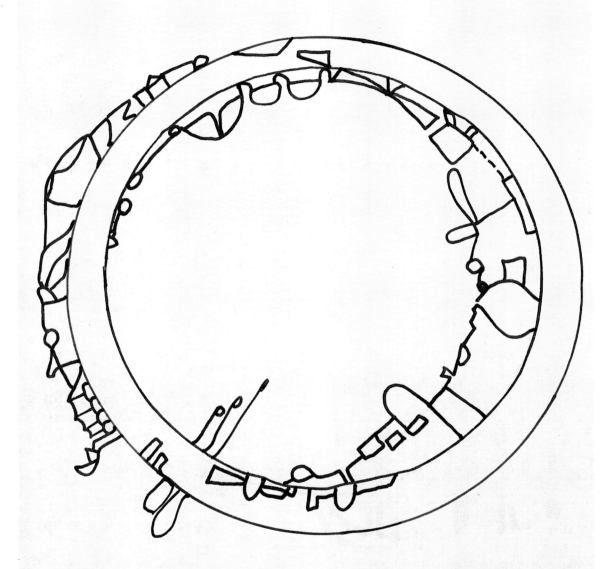

Feder, Tusche, 29,9 x 20,9, 1974

Filzstift, 21 x 21,2, 1969

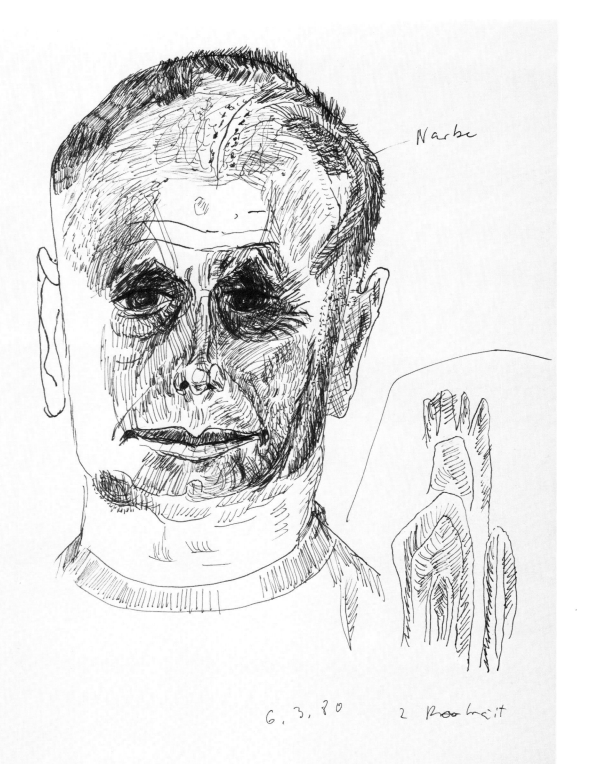

Feder, Tusche, 29,7 x 21, 6. 3. 1980

Feder, Tusche, 29,7 x 21, 1980

I hab an Draam draamt.
I woaß nimma wos in dem Draam vorkumma is.
Bloß des, daß der Draam schee war.
Damit i des net vagiß hab is aufgschriebn.
Denn ma vergißt ja Draam so leicht.

wie solln ma denn das ...

Aber das ist ja gar nicht'

Mia san do net vo gestan.
Warum, seids iah von übamorng,
oda vielleichd von dea scheiß heidign Zeid.

Gespräch im Englischen

Sie und Er im Englischen Garten

SIE Da schau, wie d'Leut über die große Wiese gehen! – Unser ganzes Leben lang habn wir am Weg gehn müssn. Und ja nicht danebn tretn. Und jetzt gehts auf einmal. Wie sich *das* gewandelt hat.

ER Bei mir rentiert sich des nicht mehr. Zu spät. Vor 30, 40 Jahr hätt ich noch Lust ghabt. Das ist zu spät für mich gekommen.

SIE Hinlegen tun sie sich auch.

ER Zu spät. Jetzt mag ich nicht mehr.

SIE Weils dir kein Spaß mehr macht, gell. – Nächste Woche, am Sonntag, fahrn wir zu dem Schloß vom König Ludwig . . . . Lindersee . . .

ER Schloß Neu-Lindersee! Wann is des? Nächsten Sonntag, des is doch da Ostla . . . bstl . . . Obstler Sonntag.

SIE Eine Woche vorher.

ER So? So früh!

SIE Um halb neun. Hoffentlich habn wir Glück mit dem Wetter.

ER Hoffentlich. Also bevors wieder so schlecht is wie in Wasserburg, wos a so gregnt hat. Da is ma scho lieber . . .

SIE Schau, zwei Reiter. – Araberhengste wahrscheinlich.

ER Internationales Grabrennen.

SIE Thu! Der kleine Dackl jagt die zwei großen Pferde.

ER Englischer Garten. Ja ja. – Was isn die leichteste Todesart? –

SIE Hör auf!

ER Der Tod auf dem Schafott.

SIE Ach hör auf! Da, schau nüber. Da läuft jetzt das Pferd ohne Reiter.

ER Wenns nicht zu spät wär, dat ich mir aa noch an Dackl oschaffa.

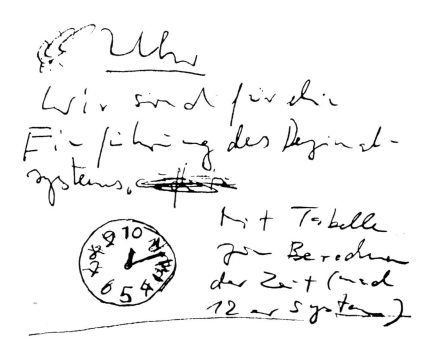

HANSI *von Anette gespielt* Können Sie mir bitte sagen, wie spät es ist.
ER Nein. Warum?
HANSI Wie spät es ist bitte?
ER Mußt wohin? Dringend?
HANSI Nein.
ER Bist zspät dran? – Schmarrn. Wennst nirgends hin mußt, kannst nicht zu spät dran sein.
HANSI Nein.
ER Dann brauchst es sozusagen gar nicht wissen, wie spät es ist?
HANSI Nein.
ER Warum fragstn dann? Des hat ja dann gar keinen Sinn, de Fragerei. Oder bist du so blöd, daß du nach was fragst des wosd gar nicht wissen willst. Da tät ich dann doch gar nicht fragen, sonst kann leicht einmal sein, daßd' es erfährst, und dann weißt as.
HANSI Ich frag ja bloß a so. Weils mir grad langweilig war.
ER Ach so. Das ist was anders. Dann hat des einen Sinn, daßd'

fragst. – Wenn man weiß, wie spät daß is, ist es ein gleich nicht mehr so langweilig. Gell!

HANSI Nein!

ER Was nein? Oder gehts dir nur um die Fragerei?

HANSI Ja.

ER Ach so. Und die Zeit interessiert dich gar nicht. Da hast bei mir a Glück ghabt. Weil ich grad zufällig nie eine Uhr dabei hab.

HANSI Des waar ma aa wurscht gwesn.

ER Natürlich. – Jetzt versteh ich dich! Dir gehts ja um ganz was anders. – Da schau. Da kommt ein Fräulein. Des fragn ma jetzt. Sie, wie spät hammas denn? – Nichts.

HANSI Ich sag immer: Können Sie mir bitte sagen, wie spät es ist.

ER Klingt gut. Können Sie mir sagen, wie spät es ist.

HANSI Können Sie mir sagen, wie spät es ist.

ER Können Sie mir sagen, wie spät es ist.

HANSI Können Sie mir *bitte* sagen, wie spät es ist!!

ER Ich hab leider keine Uhr dabei. – Aber da kommt einer! – Sie! Der Bub möcht gern wissn, wie spät es ist. Können Sie mir bitte sagen, wie spät es ist?

MANN *bleibt freundlich stehen, zieht seine Uhr heraus, schaut genau drauf.* Genau 11 Minuten vor 6.

HANSI *schüttelt den Kopf. Die beiden kümmern sich gar nicht um ihn.*

ER Wie *spät* es ist? *zu Hansi*

HANSI Ja.

ER *Es* ist. – Was *es*? Da müßt ma doch eher sagen: Wie spät *sie* ist. die Uhr... oder er, da Prater...

HANSI Es heißt schon, wie spät *es* ist. Das sagn wir alle.

ER Es. Wer alle?

HANSI Meine Freund. Und mei Bruder...

ER Wie spät es ist? Komisch.

HANSI Mei Baba auch...

ER Jaja, meiner auch. Aber komisch is trotzdem.

HANSI Können Sie mir bitte sagen, wie spät es ist.

ER Da hast ja a Uhr an deim Handglenk. Eine Armbanduhr. *Schaut* Und geh tuts auch!

HANSI Des is a Digital Quarzuhr. Mit ein Zehntausendstel Abweichung. Da kann ich nachschaun, wie weit die Zeitangaben, de die Leit macha, von da Europäischen Normalzeit abweichen.

ER So? – Des wär mir wieder z'langweilig.

Unterstrichen

Sie Da schaun S'. Da ist die Stelle. *Legt ein beschriebenes Blatt auf den Tisch.*
Er Ja, das ist unterstrichen, ganz deutlich. Das sieht man doch. Da!
Sie Ja. Morgen Mittwoch meinen S'?
Er Jaja. Das bedeutet soviel wie fettgedruckt. – Unterstrichen ist so viel wie fettgedruckt.
Sie Aber morgen ist Donnerstag?
Er Das wird eben an einem Dienstag unterstrichen worden sein, oder sollte an einem Dienstag gelesen worden sein.
Sie Und heute ist Mittwoch.
Er Jaja! Und morgen ist Donnerstag!!
Sie Dann ist es heute einen Tag zu spät, Herr Ballhausen.
Er Gestern schon.
Sie Obwohls unterstrichen ist.
Er Das ist ja die Schweinerei. – Obwohl es unterstrichen ist, hat es kein Mensch gelesen.
Sie Ja, Herr Ballhausen. Wir können nichts dafür. Wir haben das Unterstrichene sofort gesehen, aber da wars schon zu spät.
Er Wer hat denn das unterstrichen? Morgen Mittwoch? Das ist ja gar nicht mehr möglich. Die sollen so etwas das nächste Mal gefälligst rechtzeitig unterstreichen.
Sie Am Montag? Jawohl, Herr Ballhausen.
Er Was soll das überhaupt?
Sie Fettgedruckt sozusagen, um jeden Preis! Morgen Mittwoch.
Er Ja – aber was? Was denn?
Sie Das ist nicht unterstrichen. Was?... Ja doch. Annahmeschluß.
Er Was für ein Annahmeschluß?
Sie Morgen Mittwoch. Der.
Er Ja dafür ists jetzt schon zu spät.
Sie Außer: Nächste Woche Mittwoch.
Er Das ist viel zu spät. Sagen Sie das dem Fräulein Ebner! Ein Annahmeschluß muß rechtzeitig unterstrichen werden. Sonst kann das Unterstrichene nicht rechtzeitig gelesen werden.
Sie Jawohl, Herr Ballershausen.
Er Und es kann morgen Mittwoch auch nicht mehr Annahmeschluß sein.

Sie Auf keinen Fall, Herr Ballershausen. Morgen ist ja schon Donnerstag.
Er Wenn man schon unterstreicht, Fräulein Spitzer, wenn man schon unterstreicht!
Sie Ich werds sofort dem Fräulein Ebner sagen. – Wenn man schon unterstreicht. Herr Ballershausen? *Sie rennt nochmal zurück.* Wenn man schon unterstreicht?
Er Ja. Wenn man schon unterstreicht! Unterstreichen bedeutet immer soviel wie fettgedruckt. Hervorgehoben! Wichtig! Sagen Sie das Fräulein Ebner mit Gruß von mir.
Sie Und soll das nun bleiben? Annahmeschluß morgen Mittwoch.
Er Ja. Aber nicht mehr unterstrichen.
Sie Ohne. Jawohl. Das wird Schwierigkeiten am Schalter geben.
Er Nun fangen Sie nicht an zu weinen. Es geht schließlich nur um einen Annahmeschluß. – Man muß das nicht so ernst nehmen. *Er droht mit dem Finger.* Das mit dem morgen Mittwoch ist eine schlimmere Sache. Aber damit haben Sie ja nichts zu tun.
Sie Nein.
Er Dann bis morgen.
Sie Freitag!

Beim Verhör

Herr Schweferlmeier! Jetzt schwafelns uns nix vor da. Ham Sie in da Brandnacht mit Schwefelhölzerl rumgspielt? – Nein nein. Ich war ja ganz woanders – Denken S'einmal genau nach, Herr Schweferlmeier! – Auf gar keinen Fall hab ich das. Des weiß ich bestimmt. – Aber Herr Schweferlmeier! Wir haben sichere Anhaltspunkte, daß Sie des warn, mit de Schwefelhölzerl. – So . . . Ach so, meine Sie! Na na, ich heiß Schäferlmeier. Da ham Sie sich geirrt. – Ach . . . tatsächlich! Herr Schäferlmeier! Dann sind Sie der Schafdieb? – Ja. Der bin ich.

Alte Uhrblätter

Er Sehn S', das sind die alten Zifferblätter, und da oben machen die Arbeiter grade die neuen nauf.
Sie Wie die glänzen! Des is glei was anders wie die alten rostigen da.
Er Aber trotzdem ist es die gleiche Zeit. – Da können die neuen noch so glänzen.
Sie Jaja, wenn die Zeiger nicht wollen, nützt ihnen das gar nichts.
Er Die Zeiger müssen schon. Weil – die Zeit ja immer weiter geht. Die Zeiger müssen sich nach der Zeit richten. Die können da gar nichts dran ändern.
Sie Ändern. – Aber steh bleibn kann einer.
Er Oh ja. Alle zwei sogar. Da kann man sich dann sauber täuschen. Da ham S' recht.
Sie Jaja, die Zeit.
Er Ja. Die Zeit. Da liegts jetzt. Ein Blech. Und Zwöife nach unten.
Sie Aber wenns keine Zeit gäb, wärs auch nix.
Er Nein. Gar nix. – Ja ja. Eine unentrinnbare Macht.
Sie Gell. Besonders, wenns eim pressiert. Am Mittwoch hätt ich unbedingt vor 12 Uhr noch dort sein müssen – aber was glaubenS'–?
Er Ich meine es philosophisch.
Sie Ich auch.
Er Geh, philosophisch. Wo hättn S'denn da sein müssen, vor 12 Uhr? Philiosophisch.
Sie Beim Herrn Stadtpfarrer. Wegen meinem Josef.
Er Das ist nicht philosophisch.
Sie Ich hätte ihm sagen sollen . . .
Er Ganz egal. Hat nichts zu tun damit – wenns eim pressiert. Höchstens, es pressiert einem und man muß aber gar nirgends sein um 12 Uhr. Es pressiert eim sozusagen nur so. Weil ma nervös is. Wegen nix und wieder nix. Das könnte eher philosophisch sein. Zeitlich gesehen. Aber am philosophischsten ist es, wenns einem gar nicht pressiert.
Sie Sie, den zeign S'ma einmal, dems gar nie pressiert. – Sogar einem König kann sein, daß es einmal pressiert.

ER Ja wenns Sies so meinen. Da pressierts freilich an jeden einmal.
SIE Das gute alte Zifferblatt. Was mag das alles erlebt haben. Im Lauf der Zeiten. So manche Stürme.
ER Ja. Geht ein ziemlicher Wind da oben, am Turm.
SIE Ich mein nicht solche Stürme. Menschliche Stürme.
ER Winterschlußverkauf.
SIE Nein. Ich meine das Auf und Ab der Geschlechter.
ER Geh! – *Etwas für sich* Sowas werd die Turmuhr kaum gsehng ham.
SIE Das Werden und Wachsen unserer Stadt.
ER Ah, jetzt versteh ich Sie. Und das Blühen und Gedeihen. Ja ja! Des hats gsehn. Und jetzt . . . eigentlich ungerecht.
SIE Ha?
ER Den Untergang kanns nicht mehr sehen. Da reißn sies vorher runter. – Wer weiß, obn wir noch erlebn dürfen.

Kinderzeichnung

5 Grad unter Null

ER Fünf Grad unter Null hats heute.
SIE Uhhh! Das ist kalt.
ER In Sibirien ists noch viel kälter. Da hats dreißig Grad unter Null! Bei so einer Kälte erfrieren die ganzen Weinstöcke.
SIE Und die Tulpen.
ER Die Tulpen sind nicht wichtig.
SIE Für die Blumengeschäfte schon.
ER Meinst, daß in Sizilien viele Blumengeschäfte gibt?
SIE Sizilien! In Sizilien!
ER Ja, ich hab mich versprochen, ich hab Sibirien gemeint.
SIE In Sizilien erfrieren gar keine Weinstöcke!
ER Ja. Ich hab mich versprochen, vergiß doch endlich Sizilien!
SIE Jetzt soll *ich* wieder Sizilien vergessen – das ist nicht so einfach, das ist eine riesige Insel.
ER Sibirien ist noch größer, viel größer.
SIE Vergiß doch *du* Sibirien. Das muß doch leicht sein, wenn dort die Weinstöcke erfrieren und die Tulpen.
ER Also gut, vergessen wirs. Dann jammerst aber auch nicht, wenns draußen kalt ist.
SIE Wieviel Grad hatsn?
ER Fünf Grad unter Null! – In Sibirien ists noch viel kälter. Da hats dreißig Grad unter Null.
SIE Da erfrieren die ganzen Weinstöcke und Tulpen!
ER Die Tulpen sind nicht wichtig.
SIE Für die Blumengeschäfte schon.
ER Geh! Meinst, daß in Sizilien viele Blumengeschäfte gibt.
SIE Sizilien! In Sizilien! In Sizilien. Hahahaha.
ER Hör doch auf, ich hab mich halt versprochen. – Hab Sibirien gemeint.
SIE Da erfrieren aber keine Weinstöcke, weils gar keine gibt.
ER Natürlich nicht. Und Tulpen gibts auch nicht.
SIE Doch, in der Wohnung.
ER In welcher Wohnung?
SIE In den sizilianischen.
ER Hahaha – sizilianisch.
SIE Jaja.

A Termomäta is aa so a Schmarrn:
Wenns hoaß is, zoagts hoaß o
Wenns koit is, zoagts koit o.
Wo isn da da Witz.

Umweg

Er Durch den Umweg ham mir natürlich a Haufn Zeit verlorn.
Sie Die liegt jetzt auf dem Umweg.
Er Ja. Der nächste, der da geht, wirds findn – aber sowas wird gar nie zurückgegeben.
Sie Ins Fundbüro.
Er Ja. Da kannst schon hingehn und dieses Blatt ausfüllen: Was?: Zeit. Wo?: Auf dem Umweg. Wann?: Heute nachmittag. Wie schaut es aus?: Schnell, tick tick tack.
Sie Grün!
Er Was? Wieso?
Sie Die grüne Wiese.
Er Die Wiese ist doch nicht unsere Zeit! Auf der Wiese liegts vielleicht, ja.
Sie Da sollten wirs suchen.
Er Zwischen tausend Grashalm!
Sie Es muß ja a groß Trumm sein.
Er »A Trumm Zeit wurde verloren.«
Sie Die ist schon längst weg. Da sind inzwischen Tiere gekommen.
Er Tiere können menschliche Zeit nicht gebrauchen.
Sie Das stimmt!
Er Aber wenn inzwischen gemäht worn ist. –
Sie Wir sollten in das Dorf gehen.
Er Das ist schon wieder ein Umweg.
Sie Ganz ohne Umweg gehts nicht.
Er Dann verliert man ständig Zeit – sein ganzes Leben?
Sie Und sie liegt überall herum, auf der ganzen Welt, und die andern treten hinein.
Er Sie ist ja kein Dreck und stinkt nicht.
Sie Nein, und es tut auch nicht weh.
Er Ich red jetzt von Blutorangen. Wenn man die auspreßt, des gibt einen guten Saft.
Sie Bluatoranschn. – Ja. – San aa teierer als wia de andern.
Er Des is ja eigns hingezüchtet, des Saftige und Blutige.
Sie Aber mir schmeckas, wenns net so teier warn.
Er Jaa, mir sans aa zteier! Aber redn könn ma ja davon. Vom Bluatign und Saftign, wenn ma nur net vom Kaufn redn!
Sie Des dürfen mir nicht, des ist zu teuer.
Er Eigentlich nur sKaufn, sBluat und da Saft sind ganz in Ordnung, de ganze Bluatoranschn! Bloß sKaffa – ist z teia.
Sie Jaja, das stimmt!
Er Die Züchtung ist das Teure dran, ha, des klingt so einleuchtend, daß jeder glaabt.

Meine Damen und Herren

Über meine neuesten Erfindungen, besonders die neue Grundrechnungsart

Ich mache Sie heute mit einer neuen Grundrechnungsart bekannt. Die bisher bekannten Grundrechnungsarten, Zusammenzählen, 1 und 1 ist 2, oder Abziehen, 2 weg 1 ist 1 . . . und bestimmt ist Ihnen auch das Teilen bekannt, nicht mit anderen, sondern beim Rechnen, 2 durch 1 ist 2. Jahrtausende ist man mit diesen drei Arten ausgekommen, wenn man auch, ich muß das schon sagen, etwas an der Realität vorbeigerechnet hat. Denn minus und plus, das ist ja ganz schön, aber das Leben ist doch ein wenig komplizierter. Und mit dem Dividieren, sprich Teilen, das haben wir ja schon gesehen, steht es nicht gerade zum besten.
Nun habe ich also zu diesen drei Arten eine vierte, und zwar die wesentliche, hinzuerfunden, nämlich: gegen! 1 gegen 1 zum Beispiel. Das Ergebnis? Das Resultat von 1 gegen 1 läßt sich natürlich nicht so einfach hersagen, wie das bei 1 und 1 jeder wie aus der Pistole geschossen ausrechnen kann. 1 gegen 1? – Das kann 1 ergeben, – es kann Null ergeben, – in seltenen glücklichen Fällen sogar 2! Aber das kommt selten vor. Man kann natürlich zum Beispiel genau so gut rechnen: 7 gegen 5! Was ergibt das? – Na, was glauben Sie? Sieben - gegen Fünf. Oder 60 Millionen gegen 2 Milliarden. – Da wirds natürlich schlecht aussehen für die 60 Millionen. Kann aber auch gut ausgehen. Das kommt ganz drauf an. – Ja worauf kommt es denn nun an? Wie rechnet man denn des? Bei gegeneinander? Welche Regeln gibts da? Man muß da lernen, damit man da überhaupt rechnen kann? Muß man da Formeln auswendig lernen und so?
Bestimmt haben viele von Ihnen diese vielfältigen Fragen auf ihren zahlreichen Lippen. – Die Antwort darauf ist weder leicht noch einfach. Es wird nämlich von Fall zu Fall mit anderen Maßstäben gerechnet. Leider. Ein einfaches, simples Beispiel: 11 gegen 11! – Das kann ein Unentschieden geben. Aber auch ein 3 zu 4, oder ein 2 zu 1, je nachdem. Oder anders herum gesehen, bleiben 300 000. Das ist natürlich ein schöner Batzen. Wieder anders gesehen, kann es vorkommen, daß aus dem 11 gegen 11 ein 11 gegen 10 wird. Aber lassen Sie sich jetzt davon nicht verwirren. Abgesehen davon interessiert sich für den eben geschilderten Rechnungsfall sowieso nur eine verschwindende Mehrheit. Bewältigen wir ein anderes Beispiel. Einfach und kompliziert: 1 gegen 1. Da kann sein, daß keiner überbleibt. Oder einer. Schlimmstenfalls werden 3 draus.
Vielleicht sind einige von Ihnen enttäuscht, daß ich Ihnen nicht genauer sagen konnte, wie man 'gegen' rechnet. – Es gibt zwar Leute, die behaupten, exakte Methoden dafür zu kennen. – Aber seien Sie vorsichtig bei solchen Leuten. – Es gibt auch Leute, die beim Rechnen mit 'gegen' Hilfsmittel verwenden: etwa gedrehten Stahl, geschmiedeten Stahl, Chemikalien . . . Werkzeuge. . . Hammer meistens, aber auch Schriftstücke, Telefonapparat – praktisch alles. Praktisch kann man alles dazu verwenden. – Aber seien Sie vorsichtig vor solchen Leuten. – Vor praktisch allen!
Naja. Das also war die neue Grundrechnungsart: 1 gegen 1 etc. Daneben habe ich noch eine neue Grundfarbe erfunden. Sie heißt: riebel. Sie wissen: gelb, blau, rot waren die bisher bekannten Grundfarben. Jetzt kommt also dazu riebel. Wie sie aussieht und welche Konsequenzen sich aus dieser Erfindung ergeben, werde ich Ihnen in meinem nächsten Vortrag erklären. Hier an dieser Stelle in 14 Tagen. Danke sehr.

Gift

»Gift«, meine Damen und Herren. – Uns allen ist nicht wohl bei diesem Wort. Glauben Sie mir! Ich würde lieber über alles andere lieber sprechen. Und ich kann Sie gut verstehen, wenn Sie den Mund verziehen bei diesem üblen Wort. Ich selbst wünschte, ich wäre nicht hier. Ich wünschte, ich wäre auf einer Alm auf den Bergen, weit weg! Glockengeläute, Wanderungen. Keinen Vortrag. Auf der Wiese liegen – die ersten Sonnenstrahlen! Aber – Gift. Wir können es nicht ändern. Sie sind in diesen Vortrag gekommen. Ich stehe hier. Und Sie wollen etwas von mir hören. Gift. Also gut. Ich darf gewisse Grundkenntnisse wohl voraussetzen: Wer Gift ißt, stirbt. – Hören Sie etwas? – Es wird einem mies vorher. – Hören Sie etwas? Was? – Ja, das i. Richtig, im Gift befindet sich ein i. In der Biene auch. Was liegt näher, als daß sie einen giftigen Stichel hat. Aber ob Sie nun die Mistel nehmen, Rittersporn, Giftpilze oder Toxine. Alles Gift. Soweit allen bekannt. Auch daß es sich bei Gicht um Gift handelt. Aber wenn i giftig ist, wie steht es dann mit: Wiesel, Riem, Liebe, Kind? Gips, Girl, Gitter? – Eine Hypothese, gewiß. Aber nicht uninteressant.

Wenden wir uns praktischen Fragen zu. – Zu mir ist vor ein paar Tagen eine alte Dame gekommen und fragte, ob man vergiftet werden kann, wenn man an Gift nur vorbeigeht. – Daran darf man nicht vorbeigehn, meine Damen und Herrn, das muß man vernichten! Denn der nächste, der vorbeigeht, schaut es vielleicht an. Und dann ist es passiert. Schauen Sie nie Gift an!

Weiter. Gibt es giftloses Gift? Nein. Es gibt nur giftiges Gift. Giftloses Gift ist völlig ungiftig, und damit ungefährlich.

Woran erkennt man Gift? An den Vergifteten. Wenn kein Vergifteter in der Nähe ist, kann man es nicht erkennen.

Wenn ich z.B. eine gelbe Rübe esse, kann es sein, daß in dieser Rübe Gift ist – aber ich sehe das der gelben Rübe nicht an. Nun geben Sie die gleiche Rübe einem Kaninchen. Das Tier wird die Rübe sofort weglegen. Denn ein Kaninchen ißt kein Gift. – Der Mensch dagegen …

Warum gibt es überhaupt dieses scheußliche Gift? Muß das sein? Ja … ich kann Ihnen da auch nichts sagen. Mir ist dieses ganze Thema sowieso so zuwider. Ich wäre viel lieber … irgendwo auf einer Heide … im Heidekraut liegend, die letzten Strahlen der Sonne auf den Föhrenwipfeln über mir. Stattdessen steh ich hier. – Unter Schafen, die friedlich an mir vorbeiziehen. Abendhimmel. Dorfschenke. – Gift. Glauben Sie mir. Ich würde Sie am liebsten alle vergiften. Schirling, Fliegenpilz, Nießkraut.

Nießpulver hätt auch schon genügt. – Aber so. – *Er verliert immer mehr die Lust, weiter vorzutragen.* Sie sind hergekommen, ich bin hergekommen. Wegen Gift. Ich hoffe, Sie haben meine Ausführungen … über Gift … ich meine «das Gift», Thema dieses Vortrages. Nehmen Sie sich in Acht. Vor Gift. Und sehen Sie sich vor, wenn Sie auf dem Nachhauseweg einem Wiesel oder einem Igel oder sonst einem Idioten begegnen. – Ich danke Ihnen, guten Abend.

Glück und Glas

Meine Damen und Herrn!
Glück und Glas, wie leicht bricht das.
Eine uralte Volksweisheit ect., aber wie ist dieser Spruch zu verstehen? Wie bricht Glück? Wie schaut gebrochenes Glück aus? Glück und Glas, wie leicht bricht das. Ja, meine Damen und Herrn.
In der dritten Klasse in der Maria-Theresia-Realschule hatten wir einen Mitschüler: der Glück, der Simon Glück. Der Lehrer nannte ihn nur Simon, weil er ja nicht sagen wollte zum Glück, der hat wieder nichts gelernt: Glück, komm heraus. Ach Glück, das ist falsch. Ja! Und dieser Simon Glück war ein ziemlich schwindeliger Knabe, ich glaube er hatte ein Magenleiden und erbrach sich während des Unterrichts zuweilen. Ja, so gut werden Sie sagen, nun wissen wir, daß Glück bricht.
Aber Glas erbricht doch nicht.
Kann doch gar nicht brechen.
Es hat ja gar keinen Magen und kann folglich auch nichts essen, daß es später brechen könnte. Jaja! oder ein Magenleiden haben. – Abgesehen davon, daß Glas noch lange nichts essen könnte, auch wenn es einen Magen hätte.
Wie ist also der ganze Spruch zu verstehen? Glück und Glas, wie leicht bricht das! Habe ich vielleicht auch einen Mitschüler namens Glas gehabt, werden manche von Ihnen jetzt zynisch denken. Nein, nein, obwohl ein Mitschüler namens Glas durchaus denkbar wäre. Dazu bedarf es keines Zynismusses. Aber beim Glas ist das Brechen nicht so gemeint, es bricht nicht -er sondern -zer. Z.B. eine Glasscheibe, durch die ein Stein hindurchfällt. – Er kann unmöglich hindurchfallen, ohne sie zu zerbrechen. So müssen Sie das verstehen. Glück und Glas, wie leicht bricht das. Ganz korrekt müßte es eigentlich heißen: Glück und Glas, wie leicht erbricht und zerbricht das. Denken Sie an unseren Simon Glück und an unseren Stein, der nicht hindurchfallen kann, ohne die entsprechende Wirkung zu erzeugen. Glück und Glas, wie leicht bricht das. Eine scheinbar ganz einfache Volksweisheit. Und doch so schwer zu verstehen, wenn man nicht die Informationen hat, die ich Ihnen heute übermittelt habe.
Morgen sprechen wir dann über die geflügelten Worte: »Das letzte beißen die Scharfen Hunde« und »Alle Wege führen davon«.

Vorsicht vor Vorsilben!

Sehr verehrte Versammlung!
Da Sie sich hier so zahlreich eingefunden haben, um meinen Vortrag über das »Ver«, genauer gesagt über die Vorsilbe »ver« zu hören, möchte ich Sie nicht länger auf die Folter spannen und gleich mit dem Thema dieses Abends beginnen. … Ver! Dieses kleine Wort, was ist eigent-

lich seine Bedeutung? Seine Bedeutung ist eine verderbliche. – Es verdirbt jedes Wort, vor dem es steht.

Denken Sie an »gehen«. Was gibt es unschuldigeres als: gehen, einfach gehen. – Und jetzt denken Sie einmal an ein Vergehen. Bitte! Da haben Sie es.

Oder: Verdreschen. Dreschen: Welch schönes Bild taucht aus den Lesebüchern vor uns auf – ruiniert von diesem verdammten Ver. – Oder: sich verschreiben, verplappern ... Man könnte diese Reihe endlos weiterverfolgen: sich versehen, versichern, – verloben, verheiraten, verloren, verbrechen, verhaften, verurteilen.

An dieser zufälligen Zusammenstellung lassen sich Tragödien der Menschheit erahnen. Und das alles durch das Ver.

Ohne Ver gäbe es keine Verwandten, keine Verkannten. Keine Verirrung, keine Verwirrung.

Wenn man einmal die Vergangenheit der Menschheit aufmerksam verfolgt, so wird man mit Verwunderung feststellen, daß die Verdummung – auch unter dem Namen Volksverdummung bekannt – die Verführung durch gewissenlose Verführer, sogenannte Volksverführer, zur Vernichtung und Verstörung ganzer Landstriche geführt hat. Solche Leute gehören verboten, wenn die Verrohung sich nicht noch weiter ausbreiten ... ah ... verbreiten soll. Und im Interesse eines vernünftigen ... vielmehr unvernünftigen ... Verhaltens ... ah ...

Sehr verehrte Versammlung. Ich danke Ihnen für Ihr – Vertrauen. – Aber machen wir uns nichts ver. Wir wollen nichts verniedlichen. Auch in uns selbst lauert das Ver. Versäumnisse in der Jugend. Verzogene Kinder, ein verpfuschtes Leben.

Aber es gibt ein Mittel, um diesem Jammer zu entgehen.

Sehr geehrte Zuhörer! Drei Punkte sind zu beachten, und ich möchte mit diesen drei Punkten schließen:

1. Dieses Wort in Zukunft zu ... meiden.
2. Sich zu bemühen, sich ohne dieses Wort ... ständlich zu machen.

Und 3tens ... Moment ... 3tens ... Was war jetzt das? ... 3tens – das habe ich jetzt vergessen ... Ja! Vergessen Sie dieses kleine Wort! – Ich danke Ihnen.

Der Baum als Mal

Stammbaum. Baumstamm. Schlafbaum. Die Deutsche Eiche, die französische Eiche. Die Gewitter-Buche. Dorflinde. Heilige Linde. Lindenblütentee-Linde. – Über fast alles wurden schon Vorträge gehalten. Es gibt schwierige und weniger schwierige Themen. Aber die Trauerweide gehört zu den traurigsten. Ähnlich dem Regen, oder herunterfallenden Springbrunnen und dergleichen. Der Springbrunnen hat überhaupt sehr viel Ähnlichkeit mit der Trauerweide. Ich meine rein visuell, wie der Optiker sagt. Jedoch der Springbrunnen springt vorher, ehe er dann so herunterhängt. Die Trauerweide hängt immer nur. Das ist überhaupt das permanent Traurige an ihr.

Jeder Baum, jeder Strauch strebt gen Himmel. Nicht so unser trauriger Freund. Er strebt gen Erde, woher er gekommen ist. Und macht sich so, ungefragt, zum tapferen Symbol unserer selbst.

Wenn wir uns an einer Weide weiden, brauchen wir dazu keine Viehweide. Im Gegenteil. Das Rindvieh kann sich wahrscheinlich gar nicht weiden, es kann nur weiden; – auf keinen Fall jedoch trauerweiden. Höchstens, unter einer Trauerweide weiden. Das nützt ihnen aber nix. Davon werdns auch nicht trauriger.

Es gibt viele Worte mit Trauer voraus. Z.B. den Trauermarsch, die Trauerfeier, die Trauerkleider, die Trauerringe, die Trauerung, oder den Trauertag, die Trauerfahne, die Trauerbeerdigung, oder den Trauerfall; – aber keines ist so schön wie die Trauerbuche - weide.

Kann es unter einer Trauerweide Freude geben? Ja, an einem Freudentag z.B. Da ist rings herum Freude von in der Früh um 6 bis auf d'Nacht.

Sind Trauerweiden selbst traurig? Nein. Sie haben es ja gar nicht mehr nötig.

Ist es möglich, über eine Trauerweide zu lachen? Ja, wenn sie von Murschetz gezeichnet ist.

Was geschieht, wenn eine Trauerweide stirbt? Es stirbt nur die Weide, denn Trauer ist unsterblich.

Warum ist der Gedenkbaum für Karl Valentin ausgerechnet eine Trauerweide? Weil eine Zypresse besser gepaßt hätte.

Wo ist der nächste Trauerweidenwald? Im Nordfriedhof.

Darf man unter einer Trauerweide lachen? Ja. Wenn keine Fanatiker in der Nähe sind.

Den Erfinder der Trauerweide hab ich noch gut gekannt. Er ist immer da drüben vorbeigegangen, in der Dämmerung. Die Arme hat er so hängen lassen – und an Kopf. Der hat überhaupt eine furchtbar schlappe Haltung gehabt. So ungefähr –. Am Schluß hat er immer geweint. – Na ja. Wie man erfindet, so liegt man. – Das sei vor allem den Erfindern von Bomben und Granaten einmal gesagt!

Das Geheimnis von Zeit und Baum

Verehrte Zuhörer!

Da man Zeit nicht kochen kann, beim Kochen aber sehr viel Zeit verbraucht wird, fragt man sich, vor einem gebratenen Ei z.B. sitzend: Wo ist hier die Zeit hingekommen?

Wenn sie im Ei ist, ißt man sie mit. – Auf diese Weise hätte jeder von uns schon viel Zeit gegessen. Logischerweise müßte man dann weiterfragen: Schadet Zeit im Magen? Wird sie verdaut wie die anderen Nahrungsmittel auch? Oder wird sie, möglicherweise unverbraucht, wieder

ausgeschieden? Wie ein Zwetschgenkern oder ein goldener Ring. Kann man sie dabei nachweisen? – Nein.
Was aber ist, wenn die Zeit nicht im Ei ist? Wenn nicht im Ei, wo soll sie dann überhaupt sein? In der Schale ist kein Platz. Innerhalb der Schale ist bereits das Ei. Also – außerhalb. Aber wo? – Meine Damen und Herren. An dieser Stelle komme ich nun zurück auf das Thema dieses Vortrages. Zeit und Baum. – Ja. Es kann gar nicht anders sein. Sie befindet sich – im Baum.
So weit, so gut. Aber, so fragen Sie mit Recht: Wie kommt die Zeit des gebratenen Eis zum Baum? – Verehrte Zuhörerinnen. Vor Ihrem Küchenfenster steht vielleicht ein Baum. Schauen Sie sich diesen Baum einmal gründlich an, während Sie, sagen wir, einen Pfannenkuchen kochen. Lassen Sie sich nicht beirren, durch Spatzen und dergleichen. Oder wenns an Ihrer Tür klopft. Machen Sie schnell auf und rühren Sie weiter. Beobachten Sie den Pfannenkuchen und lassen Sie dabei den Baum nicht aus den Augen. Sie können aber auch jede andere Speise zubereiten. Hauptsache, Sie verbrauchen dabei Zeit. Das ist das Wesentliche. Sollte es beim ersten Mal nicht gelingen, versuchen Sie es noch einmal. Und halten Sie sich genau an die Angaben im Kochbuch. Weihnachtsgebäck! Eignet sich vorzüglich. Meine Damen und Herren. Zeit muß man sich dazu nehmen! Und das kostet viel Zeit. Bohnern Sie dazwischen – und untersuchen Sie darauf die Ritzen im Boden. Irgendwo werden Sie bestimmt noch Dreck finden. – Und dann – eines Tages – werden Sie merken, daß es nicht mehr so recht geht. Alles verlangsamt sich. Beim Treppensteigen muß man mehr schnaufen. Es geht zu Ende. Und jetzt überlegen Sie einmal. Achtzig, neunzig Jahre. Wo ist die Zeit hingekommen? Untersuchen Sie den Platz vor dem Gasherd. Schauen Sie in das Spülbecken! Untersuchen Sie die gebohnerten Böden. – Sie muß da sein. Wenn nicht, – dann schauen Sie hinüber zum Baum. Denn so heißt unser heutiges Thema. Zeit und Baum. Auf Wiederhören.

Vorträge die ich echt ernsthaft gehalten habe.

Papier   ein Vortrag von Philip Arp
(ab Mitte der 1. Seite auswendig sprechen)

Verehrte Zuhörerinnen und Zuhörer.

Papier - wird mancher von Ihnen denken. Ach wäre ich nur nicht in
diesen Vortrag gekommen. Was geht mich Papier an. Papier geht uns
alle an!!
Papier begleitet uns auf allen unseren Wegen. (in Flaschenoden so) Schon vor Erfindung des
Papiers - konnte man ohne Papier kaum auskommen. Später wurde es immer
mehr. Und heute?

Sie stehen in der Frühe auf. Und wohin ist ihr erster Gang? In die
Küche! Dort nehmen sie einen Papierfilter und filtern Kaffee.
Dann stecken sie sich noch schnell ein paar Papiertaschentücher in
die Tasche, und gehen zur Straßenbahn,. Der Fahrschein! Im Büro
angekommen setzen sie sich an ihren Schreibtisch. Nach einiger Zeit
stehen sie auf, und gehen in die Kantine - und greifen zur Papier-
serviette. Sie werfen den Pappbecher achtlos fort. Die Zeitung. -
Wieder in ihrem Büro - springen sie plötzlich auf gehen unruhig hin
und her - sie haben das Gefühl etwas vergessen zu haben. Sie ziehen
ihren Notizkalender heraus - Papier - der Geburtstag ihrer Frau.
Telegram Papierblumen. Sie setzen sich wieder. Und was liegt während
dieser ganzen Zeit auf dem Schreibtisch eines gebildeten Menschen?
Papier.

Meine Damen und Herren.

An diesem gewiß unvollständigen - Tageslauf ist schon deutlich zu
ersehen. Aber wenn wir dem Phänomen Papier von Grund auf näher kommen
wollen müssen wir uns gründlicherer Methoden bedienen.
Erstens Zweitens Drittens Viertens. und solche Sachen.

Papier als Verpackung. Damit die Sache nicht zu trocken wird! habe
ich einiges Anschauungsmaterial bei mir. das ich in den Vortrag ein-
flechten werde.
Sie alle kennen diese braunen Tüten (er zeigt eine volle Tüte entnimmt
ihr eine Mandarine und isst sie) an jeder Ecke erhältlich. schmeckt
ausgezeichnet. einfach aber praktisch.
Dann - schon etwas differenzierter - das Einwickelpapier, hier!
(er wickelt ein kleines Paket aus, hält inne.) -   eigentlich im
gegenwärtigen Zustand, mehr ein Auswickelpapier - aber wenn ich's
ganz ausgewickelt hab - dann ist es wieder ein Einwickelpapier. -
oder wenn ich's eingewickelt lassen hätt - wär's auch ein Einwickel-
papier gewesen. (er wickelt es ganz aus) da sind zufällig Eiweckl
drin. das hat aber in diesem Fall nichts zu sagen. (er wickelt sie
wieder ein)

Ich kann ihnen hier natürlich nicht alle Arten von Verpackung persönlich zeigen - da bräucht ich an ganzen Eisenbahnwagon voll.

Zweitens Papier als Druckerzeugnis.

Zeugnisse (zeigt) Aber auch Bücher Zeitungen - wobei es von unerheblicher Bedeutung ist ob es sich um schlechte oder andere Bücher handelt. erheblicher ist es für uns schon, ob es sich um gutes oder schlechtes Papier handelt. Wenn sie ein Rororo mit einem dtv z B vergleichen. oder eine Goetheausgabe mit einer Schillerausgabe! na heb n sie's.

Drittens neues Papier und altes Papier, sogenanntes Abfallpapier. Ohne neues Papier gäbe es kein altes Papier und - jedes alte Papier war einmal neu. Ich werde ihnen das ~~einmal~~ kurz aber eindringlich veranschaulichen,. Hier ein paar nagelneue Blätter aus der Papierfabrik. ich knülle sie leicht, - das würde praktisch schon genügen - ich streiche damit über den Boden (er wirft darauf die Bälle ein paarmal hoch) Damit alle verstehen was ich meine: ich trete darauf! Und schon ist aus dem neuen Papier altes Papier geworden. Altpapier. Ich hätte mir diese Mühe auch sparen können. Denn Altpapier finden sie in jedem Papierkorb (er leert einen vollen Papierkorb neben sich auf die Bühne) In jedem Park (er schnuppert winkt ab) aber auch Akten gebrauchte Fahrscheine und Altpapier kann man dazu rechen.

Jetzt zu Viertens, da wollen wir uns einigen Sonderfällen des Papierverbrauchs zuwenden, der Punkt auf den einige von ihnen sicher schon lange warten. (er zieht eine Clorolle heraus).
Sicher haben einige von ihnen schon Kinder beobachtet wie sie ihre Papierdrachen steigen ließen. Es handelt sich dabei um dünnes besonders leichtes Seidenpapier. Aber auch der Fasching zeigt uns Papier in nicht alltäglicher Form. Zum Beispiel Luftschlangen. (
(er holt mit der freien Hand Luftschlangen aus seiner Tasche, wirft sie ins Publikum, bis er aus Versehen auch die Clorolle wirft) Greifen sie ruhig zu. Und diese kleinen Plättchen (er wirft sie) Fettonki! von einem italienischen Büroangestellten erfunden.
Fettonki! (er wirft)
(er setzt sich eine Nase auf) Auch aus Papier.
Aber auch Japan war nicht müßig. (er entfaltet eine japanische Blume) (er steckt sich eine Zigarette in den Mund etc etc).

Neben dieser Pracht wird die nun folgende Abteilung Nr 5, fahl und
blass erscheinen.
Verirrungen rund um das Papier.
Meine lieben Leser und Leserinnen.
Der Vollständigkeit halber habe ich ihnen drei Exemplare aus der
Briefkuvertsammlung des Herrn von Post mitgebracht. Hier das
Dreiecks-Kuvert. Den Raketenbrief. Und das wie mir scheint doch etwas
zu weit gegangene Kuvert mit Gitterfenster für Strafgefangene.
(er zeigt es)

Abschließend möchte ich noch erwähnen: den Papiertiger, den Pappardeckel
und den Pappagei. Damit bin ich am Ende - meiner Ausführungen. Und
schließe mein Manuskript, das nun auch Altpapier geworden ist.

(Manuskript am Pult liegen lassen)

Bei Beifall nochmal lesen — aus dem Glas trinken.

Mit diesem Blatt in der Hand hab ich ca 200 Vorstellungen gegeben. Ph. Arp

Philip Arp
8 München 10, Leopoldstr. 59, T. 34 42 33

Requisitenwürfe …

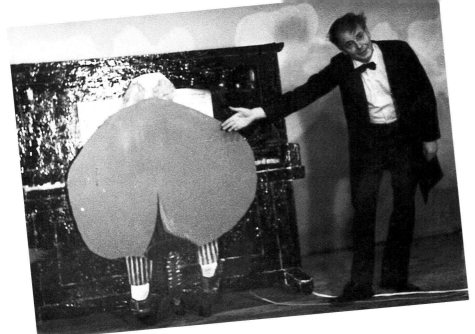

... und ihre Ausführung.

(An die Birne kl. Drehwiderstand an-
schließen um sie schwächer zu machen
und ausgehen zu lassen)

(zusammen anzünden und
ausschalten, auf offener Bühne)

evtl auf Notenständer
(Nur mit Titel Tafel, die dabei stehen bleibt.)
Kampf Glühbirne gegen Kerze.

Nr... mit Titel Tafel. Wachskerze
ohne Stimme.

Auf (verkleideten) Hocker,
damit man drauf sieht.

Tisch neben Beleuchterpult auf Folie
f. Bühne stellen.

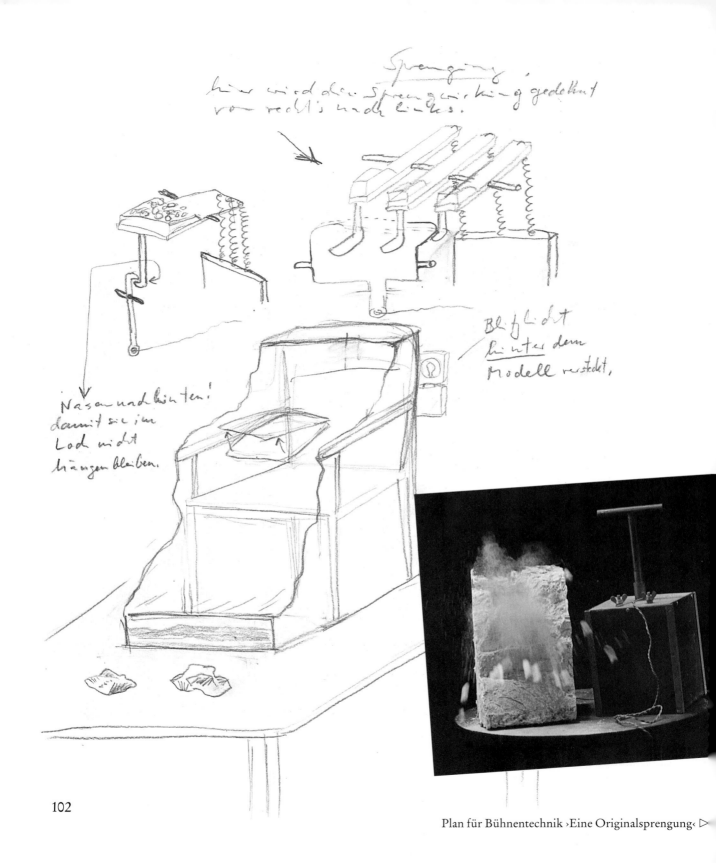

Plan für Bühnentechnik ›Eine Originalsprengung‹ ▷

Plan für Technik / Solo Abend P. Arp Seite 1   Notbeleuchtung an!   **1**

Band - Musik 9" L.S. links + rechts   St. W. 7 Felder aus Neon weg | Szenen Arp
Vorhang auf ① Zuschauer 5 voll, bleibt

~~Glas Sache~~   4,22,(voll) 16 (80)
Band Ansage   Bülte 1/4 P.T.B   3(50) [auf Vorhang 180%]

| Papiervortrag:
Klavier herein ②
| Obsttüte mit Trauben
Steinbruch stellen (Stichwort: echt   + ZR (50%) | Paket mit Eiweckl
 gesprengt wird) | Zeugnisse
Kerze ausblasen am Klavier | 2 Papierblätter
  in Deckung zu gehen) | (Papierkorb gefüllt)
Pianist schläft (.. ~~Mund offen zu lassen~~) | Clo Rolle
Zündmaschine stellen (..einer unserer Mitarbeiter) | Papierdrachen
Rote Lampe nach Bodenleuchte auf Bühne | apierdrachen
Zündmaschine stellen, ins Publikum dann Licht! | Luftschlangen
Signal -tut- (Signal frei blasen, dann..) 6(70), 9(5 | Konfetti (Dialoge & Woven
Signal -tut- -tut- (Verlieren sie jetzt | Papiernase   zigarn
 bitte nicht die Nerven) Weissband | Papierblume   Museum
Rote Lampe   dann blasen., dann blasen | Dreieckskuvert Friedhof)
Fadenziehen, Donnerblech | Raketenbrief
~~Bitten, Hauptschlag~~ | (Kuvert normal)
~~Signal~~   kl. Schalter Lautsprecher außen
Band - Saitenreissen, ~~Faden ziehen~~ | Kuvert mit Gitterfenster
Pianist auf Kopf, dazu Fuss
Band - Musik sofort, rote Lampe aus. /4(voll) 16 (8 | Bierbeutel Szene:
Pult stellen, Zündmaschine weg   3(50) | Bierbeutel
Klavier weg, während Musik Arp | Krug mit Bier
| Cass. Recorder (geschaltet)
Wachskerze stellen Schild dazu | Cassette (richtige)
Faden ziehen   Pianist schläft | Mikro Zeitung mit Film
Wachskerze weg Tisch Pianist aufwachen | 3 Zehnerln
Band - Ansage   ZR weg! | Scheerenzange
Eifelturm stellen
Band - Musik leiser werden   50
Aufräumen Szene.   21(70%) Nach der Vorstellung:
Eifelturm weg, Stuhl stellen Bierbeutel, Blatt Trauben aus Schublade
  Bierglas auswischen
Bier in Krug füllen.   4,22 Schrauben aufsammeln
Glühbirne einstecken, Kerze an   3(5 Ei + Leberkäs in Kühlschrank
Glühbirne/Kerze auf Tisch   Licht (50 Blumenstock in Foyer + giessen
Glühbirne/Kerze weg   Fisch füttern, Netzgerät aus
  Telefon laut stellen

Leise

Sie Das Gehen auf den Ge-leisen is fei verbotn.

Er Jaja, ist ein ganz falsches Verbot. Das Fahrn müßte verboten sein – auf den *Geh* – leisen.

Sie Aber da ist doch ein Ha – bei Geh!

Er Ha? I hör nix. Geleise! – Fahrleise wenns heißen tät. Dann wär die Sache klar.

Sie Das ist wahr. Aber wenn ein Zug kommt, wern ma überfahrn.

Er Zug? Kann überhaupt keiner kommen auf der Strecke.

Sie Geh! Haha. 1000 hab ich schon fahrn sehn da.

Er Des warn keine. Auf der Streck is die Lokomotiv immer hintn. Hast des no nia gsehn.

Sie Ja! Das is wahr.

Er Wenn d Lokomotiv vorn is, kanns ziang, dann ist es ein Zug. Aber wenn die Wägen vorn sind und die Lokomotive hinten, ist es niemals ein Zug.

Sie Dann ist es eine Schiebe.

Er Oder ein Schub.

Sie Wenn jetzt da so ein … Schub kommt, dann sind ma fei ganz schön in da Klemme. *Beide stehen sich gegenüber.*

Er In der Klemme sind ma schon. Bsonders, wenn von beide Seiten a Zug kommt.

Sie Schub!

Er Von beiden Seiten zugleich ein Schub kommt. Aber des kommt selten vor. Weil dann rennatns ja zam, und dann – gehts auf uns aa nimmer drauf zam.

Sie Jaja. Jetzt hör nur wieder auf. Wann kommt denn des schon vor, daß zwei Züg zammarennen, und dazwischen wandern grad zwei Personen aufm – Fahrleise.

Er Bei uns könnts passiern.

Sie Viel größer ist die Gefahr, daß uns ein Zug von hintn umrennt. *Sie deutet mit ihrem Arm jeweils groß in die Richtungen.* Von hintn kommt die Gefahr. Net. Von vorn das sehn ma ja rechtzeitig. Aber von hinten.

Er Was deutstn allwei da hi! *Da* vorn is doch hintn.

Sie Nein. Da hintn is vorn.

Er Jetzt hast es richtig gsagt: Da hintn. Jawohl. Aber da kann nicht zugleich vorn sein.

Sie Außer ich dreh mich um.

Er *Dreht sie um.* Siehst, jetzt hab *ich* recht. – *Er deutet nach hinten und vorn.* Es gibt Fälle, da muß sich einer umdrehn.

Sie Und des soll immer ich machen?
Er Weil du dich leichter drehst. –
Sie Wenn du wolln tätst.
Er Wolln, wolln. Wo warn mir vorhin stehn-geblieben.
Sie Beim Fahrleise.
Er Ja! Des ist wie bei einer Laute, die recht leise klingt. Oder ein Baß, der baßt, paßt.
Sie Bazt, patzt.
Er Oder ein Stummer, der verstummt.
Sie Der kann doch nicht verstummen!
Er Eben! – Möcht ma meinen. – Aber offenbar muß er doch irgendwann einmal …
Sie Ein Zug kommt! Von vorne! *Sie deutet nach hinten.*
Er Der schiebt sich direkt auf uns zu. – Komm, Mia. Der Kleinere gibt nach. *Beide springen weit zur Seite. Man hört den Zug über Band drüberdonnern.*
Er Fahrleise stimmt auch nicht. Schon eher Fahrlaut.
Sie Da geh ma nimmer, auf dem Fahrlaut. – Sonst wern ma noch überschoben.

Zwielicht

Eine Tageslichtbirne brennt, Sie schaltet eine helle Beleuchtung an.
Er Zwielicht – Lassen S' doch das Licht aus. Ich liebe die Dämmerung.
Sie Faulpelz. Unordentlicher Mensch.
Er Schauns Sies Ihnen doch amoi an!
Sie Da siehst ja nix.
Er Als Ganzes. Im Verhältnis zum Tag, und zur vollkommenen Nacht.
Sie Das Zwielicht? Also, so interessant find ich das nicht – daß ichs auch noch vergleich mitm Tag! Und mit dera andern … no jetzt fallt mir des Wort net ein …
Er Die Nacht!
Sie Ja, die Nacht. Sie sind mir ein komischer Mensch mit Ihrem Zwielicht.
Er Mit meinem Zwielicht? Sie, da wär ich reich, wenns ganze Zwielicht mir gehören tät. Weil wenns auch dunkel ist – a bisserl was is doch! – Ich liebe die Dämmerung. Liebe kann man nicht mit Geld abgelten. Drum lassen S' doch bitte den Schalter jetzt einmal in Ruh!

Sie Schaun S', des Schneegstöber! Wir kleinen Menschlein stehn bewundernd davor.
Er Das ist nur gefrorner Regen und Wind.
Sie So kann mans auch sehn.
Er Wie kann mans noch sehn?
Sie *begeistert* Das Schneegestöber! Tausend Flocken auf und ab durcheinander, im Wind.
Er *lächelt* Auch im Wind! – Tausend!! Tausend?
Sie Das ist romantisch?
Er Tausend Markl! Das wär romantisch!!
Sie Gefühlszerstörer. Sie würden am liebsten das Schneegestöber kaputt machen.
Er Ja, gern, wenn ich ohne Schirm bin.
Sie Wenn die Flocken gegen die Stirne wehen!
Er Und vorn nei in Hals. – Der Winter, der Winter, der hat ein weißes Kleid.
Sie … ein weißes Kleid von Seide an, das ist so sammetweich.
Er Na, des geht anders … Da frierts mich in die Finger gleich … daß ich mich schleunigst schleich.
Sie Flockentöter!
Er Sie Hundefängerin. Meinen S', ich habs net gsehn, wies des weiße Hunderl in Ihren Sack gesteckt ham.
Sie Des war Schnee!! Hier.
Er Sie spinna ja wirklich. *Schneesturm vorm Fenster*
Sie Mei, so ein Schneegestöber ist was Schönes. – Wer zählt die Flocken?
Er Niemand.
Sie Könnt auch niemand zählen.
Er A Computer schon.
Sie Alles kann ein Computer auch nicht.
Er Weinen zum Beispiel.
Sie Des wär ja pervers, wenn man den Computer weinen lassen würde.
Er Intrigieren könnt man ihn auch lassen.
Sie Und schlafen …
Er Jetzt wern aber Sie pervers. – Meinen Sie einen Computer, der auf »Schlaf« geschaltet ist? – Oder der überhaupt nicht eingeschaltet ist? Im ersten Fall könnt er träumen, daß er ein Mensch ist.
Sie Oder ein Viech, ein Papagei. Ja, des paßt.
Er Oder Gott! Noch eher!!

Pfantasie oh mei

Er Für alles gibts Museen. Bloß für Museen gibts noch kein Museum.
Sie Was willstn da austelln?
Er Mu-seen!
Sie Mu Seen! Das wird schwer werdn.
Er Dann halt nur Seen.
Sie Seen kannst nicht ausstellen.
Er Na, die tätn mer nauslaffa.
Sie Die tätn gar nicht neipassn.
Er So ein Seenmuseum würde meine Mittel weit übersteigen.
Sie Weit.
Er Schon eine Badewandl-Ausstellung würde übersteigen.
Sie Ich finde eine Badewandlausstellung nicht besonders witzig.
Er Muß sie ja auch nicht sein. Es gibt viele Ausstellungen, die nicht witzig sind.
Sie Ich finde witzige Ausstellungen aber lustiger.
Er Es kann gar nicht jedes Museum witzig sein. Denk doch an ein … Friedhofsmuseum. Oder an das Deutsche Museum.
Sie Oder an das Staatsmuseum des Inneren.
Er Das gibt es nicht.
Sie Aber wenns es gebn tät?
Er Wärs witzig. – Es gibt überhaupt viel zu wenig Museen. – Vor allem brauchen wir eins für die Museen.
Sie Das ist auch wieder so eine Idee von dir! Die kein Mensch ernst nimmt.
Er Jaja.
Sie Und dann lachens wieder über dich.
Er Jaja!
Sie Wie damals mit dem Springbrunnenmuseum.
Er Ja. Halt du mir nur immer die alten Fehler vor.
Sie Und ich hab die Soß aufwischn dürfen.
Er Jeder Mensch macht Fehler.
Sie Aber nicht jeder Mensch macht ein Springbrunnenmuseum.
Er Weils kei Fantasie dazu ham.
Sie Pfantasie, oh mei. Da werdn viele froh sein, daß deine Fantasie nicht habn müssen.
Er Aber besser mein als kein.

Liebste Prinzessin B.

Wie ich gehört habe, husten Sie alle vierzehn Tage zu nächtlicher Stunde. Bitte erteilen Sie mir gütigst die Erlaubnis, aus diesem Grunde das Ihrem Flügel zugewandte Fenster zu schließen, die Rolläden herunterzulassen, die Fensterläden zu verrammeln und mit Styropor abzudichten. Sie werden mir sicher gütigst die ersehnte Erlaubnis erteilen, wenn ich Ihnen berichte, welch schreckliche Folgen auch nur ein einziger Huster in meiner für mich so viel bedeutenden Zimmermimosen-Pflanzung anrichtet. Nun stellen Sie sich Ihr unwiderstehliches und immer wiederkehrendes existentielles Husten vor! Das können Sie sich gar nicht vorstellen. Weil der Hustende selbst gar keinen Überhör über sein eigenes Husten hat. Aber ich und meine Mimosen, glauben Sie uns, können es beurteilen, wenn auch nicht verurteilen, da wir seit nunmehr hundert Monden neben Ihrem Husten zittern, entblättern und verstäuben. Seien Sie so hochherzig und lassen Sie uns noch sagen, daß es nicht Empfindlichkeit ist, die uns unser zartes Leben retten läßt, sondern einzig Mimosität. Diese Mimosität ist es, die uns ganz existentiell zwingt, vor Ihnen zu entknien, umsomehr als Sie vielleicht, um es vorweg zu sagen, im Mimoseninteresse und Ihres ungesunden Hustens, weswegen der Fensterladen in seiner geöffneten Stellung, entbehrt, im Namen aller Plantagen. Wir und besonders ich grüßen Sie durch alle Heizungsrohre, über den leeren Schloßhof hinweg, und mit jeder Fliege, die einen roten Tupfen am Flügel haben wird

in unerwarteter Mimoosigkeit

Philip XXVII

Eine Rede, gehalten zur Eröffnung der Brezenausstellung am 32. Februar 1972, von Prof. Tivoli-Brücke.

Alle Brezenfreunde, die an diesem Brezentag gekommen sind, zu so brezenspäter Zeit, zur Eröffnung der Brezenausstellung, begrüße ich auf das brezligste.

Ja – wie ist es überhaupt zu dieser Brezenausstellung gekommen? – Eigentlich wollt ich eine Nadelausstellung machen »Die Nadel im Wandel der Zeiten« u.s.w.. Eine solche Nadelausstellung wäre natürlich viel spitziger gewesen. Aber dann hat mich ein Zweifel gepackt am Publikum, ob denen die Nadeln nicht zu anstrengend gewesen wären, weils so klein und gleich sind. – Also mir wärs lieber gwesn, die Nadelausstellung. Weil, eine Brezenausstellung is halt doch arg ... tümlich. Leut – tümlich – wie soll ich sagen ... gemeinverständlich. Da hätt ich ja gleich eine Rautenausstellung machen können. Bayrische Rauten – und – andere etc. – alles in blau. Aber jetzt hammas schon amal da.

Es ist vollbrezt!

Meine Damen und Brezen, es ist mir eigentlich brezuwider, Ihnen hier genau zu erbrezen, was jeden Glezen hier, – brezten Endes sowieso nicht erst brezelhart bewiesen werden muß.

Ohne mich lange in Wort zu verbrezulieren, möchte ich doch ein Wort von Thomas Brez dazu brezietieren, der sich zu diesem Thema ganz breziese geäußert hat: Wer die Breze nicht ehrt, ist der Brezen nicht wert; oder das gute alte Sprichwort: Weißwurst und – hat Brez im Mund.

Ich habe da nämlich neulich in einer Brezeitung, ich glaube es war die Brezdeutsche Breizung – Lokalteil – über die bretymologischen Verbindungen von Bremen oder bayrischen Brazen zur Brezen gelesen. Was dieser sogenannte Brezologe da von sich gegeben hat, war geradezu brezensträubend. Da war von Sosein und Brezein die Rede und von Brezenheit, – brezdämlich – , von Brezentum und Brezismus, ja sogar von Brez*en* Buddhismus, von Brezitationen und Brezelulose und anderen breziproken Brezismen. – Aber nichts brezise, oder vom brezischen Standpunkt aus brezomal.

Ich bin bestimmt nicht brezimperlich was die Bresze anbelangt, aber hier möchte ich doch ganz brezentativ sagen: Wir brauchen eine Brezensur. Das sei vor allem den Herren Brezensenten von der Bresze gesagt. Brezerreißen Sie diese Brozen. Denn hier handelt es sich um einen Brezendenzfall, dem man mit breziösem Gebreze nicht mehr beibrezeln kann.

Meine verehrten Brezen und Herren. Es ist noch lange nicht alles gesagt. Und ich darf nun zum Schluß kommen. Und möchte Ihnen wärmstens meinen nächsten Vortrag empfehlen, über die Kaisersemmel und ihre Auswirkungen auf das deutsche Kulturleben. – Vielen Dank.

a) Brezen von Heute Morgen und Gestern

- ∅ verdaute Breze
- √√ Brezensamen (die Familie von Br Stengel)
- √ √x O Ur Br (Ring)
- √ √ O Wiesen Br (Oktoberfest)
- 8√ O Br aus der BRD
- 9√ O Br aus der DDR (beide gleich)
- 7√ X Nazi Br (braun od Hakenkreuzform) → Br der NSDAP.
- 10 ∅ Schwarze Br √
- 10 ∅ Winterbr (mit Schal)
- ∅ Schneebr (weiß)
- ∅ Maibr (Blümchen sprießen)
- 4√X Rokoko Br
- 6√ X Jugendstil Br
- ~~Hakenkreuzbr~~

- 2 √ ∅ Br zur Zeit der Völkerwanderung (mit Rädchen unten)
- 1 √ O römische Br (Römisches Weckerl)
- √ X Br im Mittelalter (gotische Löcher)
- 3 O S Völker Schlacht Breze (mit Leber und Blutwurst)
- √ X Br aus dem Jahr 2000 (viereckig)
- 5 √ ∅ Die ~~berühmte~~ Europabreze "begonnen von Napoleon B 1794..." (zwei verkehrt zusammengefügte Brezenteile)

c) Auswüchse

- √ ∅ Brillenbreze
- √ unsichtbare Br
- √ X schwangere Br
- √ X Olympiabr
- √ ∅ die Teufels - oder Fliegenbr (rot mit weißem Salz wie Fliege)
- √ ∅ Pop Br (farbig)
- ~~√ X Riesenbr (groß~~
- ~~∅ Gewürzbr (oben viele Gewürze drauf √~~

- √ ∅ Brezen Ende
- √ ∅ Br die sich ertränkt hat (im Wasserglas aufgelöst)
- √ ∅ Br die sich erschossen hat (mit Loch)
- √ ∅ Br vergiftet (blau)
- √ ∅ Br die sich von der Großhesseloher Brücke gestürzt (zerbröselt)
- √ X Verhungerte Br
- √ O deutsche Br
- ~~Brezenkrieg~~
- √ ∅ Br aus Gold

ØS Br als Steuerrad im Auto
ØS Br mit Stetoskop (Hör/gerät
✓ ØS Br als Ohr • Tisch
✓ ØS Büchsenbr •
✓ Ø Br in Schmieröl (ein gefressen Teller   Tisch
ØS Br mit Zuckerhut
ØS Maschinen Brn ✓
✓ X die kleinste Br der Welt • (Mistelzweig
✓ S die allerkleinste Br der Welt (Lupe dahinter nichts •
ØS Wurstbr (Wiener dazwischen
✓ Ø parfümierte Br •

d) Sexualität

✓ Ø Geburt einer Br (kleine ragt aus großer halb raus •
✓ O pornografische Br (bei dieser Br, die anscheinend wie eine
      normale aussieht, kommt es darauf an, die Löcher zwischen der
      Breze daneben zu sehen!
✓ ✓ O Die Br (normal •
✓ ✓ Ø Der Br (mir Br Penis •
✓ ✓ O Brezenpaar • (normale Br nebeneinander
✓ ✓ Ø Br pärchen •
✓ O Brezenkinder • (kl
  Ø nackte Br (rosa ohne Salz •
✓ O Liebesspiel •
✓ Ø Br andere Br umschlingend •
✓ O Br mit Salzstangerl •
✓ O Br mit Gelberübe •
  O Br mit Tomate
✓ O Br mit Amerikaner •
✓ O Br mit Neger (Negerkuß •
  X dicke Br ✓
  X dünne Br ✓
  O Br von hinten •
  X dünne Br mit dicker ✓
✓ Ø eine Br mehrere umschlingend •
  Ø zwei Br eine andere umschlingend •
  O Br orgie •
ØS Brezeomie (Hündchen mit Br •
  O Br als Homophilengerät (unten in Schenkelhöhe waagrecht ✓

Wie finden Sie die Ausstellung?

Ganz arg fad, ich geh immer ~~dazu in der Zeitung~~ den Pfeilen nach. ~~noch in der Zeitung~~

Was sagt Ihnen diese Ausstellung?

Sie sagt mir zu.

Ein Gespräch, das Herr Momo von der Pflz mit dem ausgestellten Zeichner führte, über die

Verkaufs Ausstellung
Kritzekratze von P. arp

im Theater Foyer.

PFLZ   Herr Arp. Warum Kritzekratze?
ARP   Ganz einfach. Weil sich Kratzekritze nicht so gut spricht. Dagegen bei Kritzekratze sind die sich steigernden Vokale i a in der richtigen Reihenfolge hintereinander bzw. voreinander. Außerdem ist Kritzekratze ein feststehender Begriff, der sich ähnlich verhält wie oben ohne zu ohne oben oder Otto zu Toto.
PFLZ   Wie kamen Sie auf diese horrenden bis teilweise minimalen Preise für Ihr Kritzekratze?
ARP   Ich habe mich an den Benzinpreisen orientiert. Deshalb kostet mein billigstes KK 5,- DM. Das ist soviel wie 5 Liter Benzin. Und wohin können Sie mit 5 Liter Benzin schon fahren. Dagegen mit meinem KK fahren Sie gut. – Wenn auch nicht so weit. Aber dafür länger.
PFLZ   Sicher, Herr Arp. Sie sind als Schauspieler, als Komiker bekannt…
ARP   Wenig bekannt. Und nicht sehr komisch.
PFLZ   Also gut. Als unbekannter wenig Komiker.
ARP   Bekannt.
PFLZ   Fürchten Sie nicht, Sie könnten sich lächerlich machen, wenn Sie nun auch noch zu Pinsel und Zeichenstift greifen?
ARP   Nein! Ich selber nicht, ich lache persönlich wenig. Fast nie. Ich kann mich also gar nicht lächerlich machen. Das tun die anderen. Die sich lächerlich machen.
PFLZ   Über Sie!
ARP   Sie verstehn mich offenbar nicht konsequent. Außerdem weichen Sie vorm Thema zurück. Kritzekratze. Wenn Sie da drüber nix mehr wissen wollen dann – hat es glaube ich keinen Sinn –
PFLZ   Wir danken Ihnen.

Flugkanne (schwebt über dem Kaffeetisch.

Ein kleiner Stups befördert sie an den Platz wo sie gerade gebraucht wird. praktisch vor allem bei großer Tafel.

114

Tasse mit Reservetank.

(Ein leichter Zug an der Kette und der Reservetee fließt in die Tasse.)

Komikkeramikausstellung (1973) Skizzen und Objekte

Terrassentassen bzw.
Tassenterassen.

Tasse mit Henkel nach innen,

eine große

platzersparnis.

Die 'Kannen Tasse' auch 'Tanne' genant, mit einem Griff alles bereit, sehr praktisch

Scheussliche Vase
mit Hämmern zu
zerschlagen

Denka Kenna

Gestan hab i so do, als wenns gestan waar. Also vorgestern. Des war gar net so schwer, weil i mi no an alles erinnern hab könna. I hab natürli so do, als wüßt i nix. Es war, alles in allem, endlich amoi wieda a ausgefüllter Dag.

Jetzt, heut duae so wia wenns morgen waar – und morgn spui i heit. Das klingt schwierig, is aber ganz leicht. Braucht ma bloß einfach heit lebn – und morng nochmoi desselbe.

Des is ein Spiel für Denka und Kenna. Füa Leit, de denka kenna.

Warten S' Herr Zahn

Sie Warten S', Herr Zahn! Lassen S' mich mitgehn mit Ihnen.
Er Ja bittschön, Frau Fendl, kommen S' nur.
Sie Wo gehn S'n hin, Herr Zahn?
Er Das wern S' doch wissen, Frau Fendl, wenn S' mitgehn. Sonst kommen S' ja wohin, wo S' gar nicht hinkommen wollen.
Sie Wo isn das?
Er Ja, Frau Fendl. Das weiß ich doch nicht. Sie werns schon wissen, wo S' nicht hinkommen wollen.
Sie Nein. Aber wo könntn das sein?
Er Ja, da gibts viele Möglichkeiten, schaun S'. Ich zum Beispiel ... oder jemand anders ... möchte auf keinen Fall ...
Sie Ja! Sagn S' es mir nur! Vielleicht trifft das auch auf mich zu.
Er Nein, nein, Frau Fendl. Sie ... oder jemand anders ... möcht wieder ganz woanders auf keinen Fall hinkommen. Jeder möcht ganz woanders nicht hinkommen auf gar keinen Fall.

SIE Ich bin da nicht so wählerisch.
ER Dann kommen S' nur mit, Frau Fendl.
SIE Ja, warten S', Herr Zahn!
ER No, Sie haben S' ja eilig.
SIE Das interessiert mich nämlich jetzt, wohin ich nicht komme mit Ihnen.
ER Frau Fendl! Sie habens immer noch nicht begriffen. Sie kommen schon hin, aber Sie wollen nicht hin.
SIE Ich glaub, Sie wollen mich nicht hinlassen, wo ich nicht hin will.
ER Doch. Jederzeit.
SIE Irgendwas stimmt doch an der Sache nicht.
ER Beleidigen S' mich nicht. Kommen S' mit, und überzeugen Sie sich.
SIE Ja, dann warten S' doch, Herr Zahn.
ER Ich wart jetzt seit 5 Minuten! Auf diese Weise wird überhaupt nix draus!!
SIE Dann gehn S' nur zu, Sie Rüpel! Dann geh ich eben allein.
ER Aber ich warne Sie, Frau Fendl. Allein kommen S' nur dahin, wos hinwollen!

Zeichnungen aus seinem Skizzenbüchlein (1958)

Neulich in Neulich

Neulich in Neulich – das Dorf heißt wirklich so und liegt zwischen Fintenfurt und Pfund – also neulich, es ist noch nicht lange her, ich wohnte damals noch in Neulich, um genau zu sein in Neuneulich, in der Siedlung Altneulich, das sind sowieso nur ein paar Bauernhäuser und die Kirche, für Trauungen sehr hübsch, auch der Name, Altneulich, aber wohnen, wohnen kann man praktisch nur in Neuneulich, kurz Neulich, lang Neulich, eben Neulich, Neulich Bahnhof, Neulicher Fahrradfabrik, als Neuling in Neulich alles Spanische Dörfer. –

Charaktersadar

Die beiden kommen aus dem Zirkus. Volksgemurmel. Geräusche
SIE Zirkus ist immer wieder schön.
ER Wem sagst du das.
SIE Geh red doch net so gschwolln daher.
ER Das war ein Weltstadtprogramm. – Da hast es schwarz auf weiß! *Zeigt ihr das Programmheft.*
SIE *schaut hinein* Da! Die Affengruppe ist gar nicht vorgekommen. *Geräusche leiser*
ER Deswegen war es doch ein Weltstadtprogramm.
SIE Die werdn halt zdumm gwesn sei.
ER In einem Zirkus stellt man doch keine dummen Affen ein. Der Affe ist überhaupt ein sehr kluges Tier.
SIE Aber es gibt dumme Affen und gscheite Affen.
ER Natürlich. Es gibt auch kluge Schweine. Die sind dann dressiert natürlich.
SIE Und kluge Hunde und dumme Hunde. – Dumme Hund. Ja.
ER Wie beim Menschen. *Geräusch wieder etwas lauter.*
SIE Fast genau so. – Aber der Mensch geht eben in die Schule.
ER Das tut der Baum auch.
SIE Ja. – Aber der Unterricht ist ein ganz anderer. Was lerntn so ein Baum schon.

Er Grad dastehn. *Geräusch wieder etwas weg*
Sie Grad dastehn, des is wenig.
Er Das kommt drauf an, was einer grad für einen Charakter hat. Manchen genügts.
Sie Wem? Wo? Von wem redstn du?
Er Vom Mensch.
Sie Ach so. Ich hab gmeint, mir redn vom Baum.
Er Also gut. – Mir ist es ja egal.
Sie Meinetwegen. Wir müssen uns nur für eines entscheiden. Von beiden könn ma nicht reden.
Er Außer es sitzt ein Mensch aufm Baum. ... Mir habn überhaupt von die Affen geredet.
Sie Ja. Mit dir kommt man von einem ins andere.
Er Macht nix. Kommt man wenigstens zu etwas.
Sie Immer wieder. Vom Hundertsten ins Tausendste.
Er Ja! Nur beim Geld nicht. Gell!
Sie Jetzt redst vom Geld. Und glei wirst wieder von die Affen reden. Der reinste Irrgarten.
Er *lächelnd* Tiergarten – Tierpark – München.
Sie Jetzt setzt er wieder sein Lächeln auf.
Er Ein Hut setzt ma auf. Ein Lächeln – hängt man unten hin. *Zeigt es mit der Hand. Lächelt. Ab*

Wer zuletzt lacht lacht allein.

Im leeren Zirkus

Herr Dampferl sitzt im leeren Zirkus und schaut geistesabwesend in die Arena hinunter. Ein uniformierter Pferdebursche weckt ihn auf.

BURSCHE Mein Herr …. der Zirkus ist schon seit einer halben Stunde aus. – Sie dürfen jetzt nach Hause gehen.
DAMPFERL Nein.
BURSCHE Die Vorstellung ist schon längst aus. Wir müssen jetzt absperren. – Dann sitzen Sie die ganze Nacht allein da. Neben den Raubtieren.
DAMPFERL Das ist mir wurst.
BURSCHE Es geht aber nicht. Die Vorstellung ist aus. Alle sind gegangen, nur Sie nicht. Das geht doch nicht.
DAMPFERL Das – geht schon, aber ich – gehe nicht.
BURSCHE Aber warum denn. Die Vorstellung ist längst schon aus.
DAMPFERL Nein, das glaub ich nicht. Es hat niemand »Schluß« gesagt. Da hätte doch wenigstens irgendjemand heraustreten können und sagen können, daß Schluß ist. – «Jetzt ist Schluß», hätte er sagen können.
BURSCHE Dafür ist ja am Schluß die Reiterin herumgeritten und hat ein Schild geschwenkt, auf dem gestanden ist »Auf Wiedersehen«! Habn S' das nicht gesehen?
DAMPFERL Doch, deswegen bin ich ja da. Die möcht ich ja gern wiedersehen.
BURSCHE Die hat sich inzwischen schon längst umgezogen.
DAMPFERL Macht nix.
BURSCHE Und ist in ihren Wohnwagen gegangen.
DAMPFERL Wohnwagen! Im Wohnwagen is? No, vielleicht fahrts dann mit dem ganzen Wagen herum.
BURSCHE Das geht aber nicht.
DAMPFERL Kommen muß sie wieder. War groß genug auf ihrem Schild gestanden: «Auf Wiedersehn.»
BURSCHE Das war ganz anders.
DAMPFERL Also bittschön, gehn S' zu ihr hin und sagn S' ihr, sie soll doch nochmal herumreiten in der Arena, es wartet noch jemand.
BURSCHE Fräulein Dirriwari ist doch schon fertig.
DAMPFERL Ach so. Das Fräulein Wari ist fertig. Dann natürlich – das ist schade. Aber vielleicht kommen die Clown nochmal.
BURSCHE Alle sind fertig.

Dampferl	Was! Das glaub ich nicht. – Sehn S', da kommt schon einer. Haha, das ist lustig. Der sammelt Roßbolln auf. Haha, das ist ein Clown.
Bursche	Das ist doch ein …
Dampferl	Werden S' sehn, jetzt kommt dann ein anderer. Der stülpt ihm den ganzen Kübel voll Roßbolln übern Kopf. Haha. Ich hab doch gleich gesagt, daß noch nicht Schluß ist. Das kenn ich. Immer kommt nach dem Schluß noch was nach.
Bursche	Aber…..
Dampferl	Sehn S', da kommt jetzt einer dazu, mit einem Sack voll Sägmehl. Aha. Der wird jetzt dem andern das Sägmehl hinaufwerfen – und der wird mit de Roßbolln zurückschmeißen. Ha, das wird eine Gaudi.
Bursche	Uii. Der Herr Direktor.
Direktor	Sehr gute Idee von Ihnen. Das nehmen wir sofort ins nächste Programm. Wirklich ganz ausgezeichnet. Ich danke Ihnen vielmals, mein Herr.
Dampferl	Ja bittschön. – Wissen S', Sie habn ja einen ganz guten Zirkus. Bloß am Schluß sollt noch jemand heraustreten und sagen: »Schluß«.
Direktor	Ahh …
Dampferl	Zum Beispiel des Freilein Warriwarri könnt des ganz guat machen.
Direktor	Wie meinen Sie das?
Dampferl	So mein ich das: »Jetzt – ist – Schluß!«

Leichte Frage

Sie	Das ist eine schwere Frage.
Er	Jaja. Das sind die schwersten Fragen überhaupt, diese Fragen.
Sie	Die *Fragen*, ja, aber die Antworten?
Er	Da ham S' recht. Die Fragen sind eigentlich alle ganz leicht.
Sie	Die Antworten sind das Schwere. Ja! So gesehen gibts gar keine schweren Fragen. – Nur leichte.
Er	Aber auf eine leichte Frage kann es schon mal ausnahmsweise sein, daß es eine leichte Antwort gibt.
Sie	Trotzdem, ich bleib dabei: »Das ist eine schwere Frage.«
Er	Aber wenn alle Fragen leicht sind, muß diese auch leicht sein.
Sie	Aber die Antwort ist schwer.

Er Weil Sies nicht wissen, sonst wärs leicht.
Sie Vielleicht hätten wir früher zu reden anfangen sollen – über »Frage« und »Antworten«. Dann hätten Sie gar keine Lust gehabt, Fragen zu stellen.
Er Oder ich hätte nur leichte gestellt.
Sie Das müssen S' jetzt sowieso. – Ja, Sie! Wenn die Antworten alle so leicht sind? –
Er Die Antworten nicht! – Die Fragen sind leicht.
Sie Was ist dann, wenn man eine schwere Frage stellt?
Er Ist leicht!
Sie Dann stell ich Ihnen jetzt einmal diese schwere vom Anfang.
Er Die hab ich *Ihnen* doch gestellt. Da weiß ich doch die Antwort.
Sie Ach so. – Wenn Sie die Antwort wissen, dann is natürlich leicht. Dann könnt ichs auch.
Er Stelln S' mir einmal eine Frage!
Sie Ja, bitte!
Er Ja, des müssen S' schon sagen!
Sie Also wie ist des?
Er Was?
Sie Jetzt fragn *Sie* mich.
Er Wie? ist? des? ha!
Sie Wie ich mir – so Sie Ihner! –
Er Sie ham keine Ahnung von Sprache.
Sie Ich kann mir auch schwere Fragen ausdenken.
Er Und keine leichten Antworten bekommen. Jaja, es gibt sie eben doch!
Sie Freilich gibts es.
Er Sonst könnt ma keinen Quiz mehr machen. – Oder – vielleicht ist denen das Problem noch gar nicht aufgefallen?
Sie Das muß doch einem Quizmaster auffallen, wenn es immer so leicht ist, was er sagt.
Er Oder es stört ihn nicht.
Sie Nur die Zuschauer.
Er Und die wollen von so Problemen auch nix wissen am Sonntag!

Jeder ist seines nächste

Geburtstag

ER Jetzt laß einmal – des is mein Geburtstag!
SIE Da is noch ein Paket.
ER Von wem isn des?
SIE Von der Erna! Von deiner Erna.
ER Des is net mei Erna. Eine Cousine, sonst nix.
SIE *hat es ausgepackt* Ein Teeglas.
ER Glas?
SIE Ein Trinkglas.
ER Des siehgt ma ja net. Nur wenn was drin is.
SIE Na mußt halt was nei doa.
ER *nimmt es* Durch ein Glas kann man hindurchschaun.
SIE Na tust halt was nei.
ER An Tee – oder an frisch gepreßten Orangensaft.
SIE Auch an alt gepreßten Orangensaft.
ER Wo gibtsn den?
SIE Ja nirgends. Der ist immer frisch. Des siehst doch sofort durchs Glas.
ER Dazu sans praktisch, de Gläser.
SIE Jaja. Es hat schon an Sinn, wenn d'Erna was schenkt.
ER Aber wenn mans nicht siehgt, dann siehgt ma den Sinn auch nicht.
SIE Aber oft brechen sich die Sonnenstrahlen am Glas, dann funkelts so.
ER Ja dann kann mans ahnen, das Glas.
SIE Und wenn mans dann in d'Hand nimmt und zuprostet: – Das ist dann schon mehr als ahnen.
ER Freilich, natürlich! Oder wenn man gar was einfüllt ins Glas! – Und das läuft nicht auseinander, sondern bleibt wie ein Turm in der Luft stehen. Dann ahnt man doch: – Da kann nur ein Glas drumherum sein um den Orangensaft.
SIE Jaja die Gläser! Nett von der Erna.
ER Ein schwieriges Geschenk, das ma net sieht.
SIE Man muß eben ein bißchen denken dabei.
ER Und kombinieren. Dazu haben wir unseren Verstand.

SIE Ist auch wieder ein schönes Gefühl, wenn uns die Erna ein Glas schenkt.
ER Ja, die Erna weiß eben, was sie uns zumuten kann.
SIE Und das ist nicht wenig bei einem Glas.
ER Vor allem, wenns so sauber abgewaschen ist. – Da heißts denken: Is da? Kann man was hineinfüllen? Hält sichs drin? Sieht man durch? Was ist dahinter? ... In eine Tasse schau ich dagegen mehr von oben, wie aus einem Flieger.
SIE Gläser regen das Denken an. – Tassen regen zum Umrühren an.
ER Das kann a jeder Depp! Jeder Depp, mein ich!
SIE Jeder Aff im Zirkus!
ER Aber durch ein Glas hindurchsehn, ob er das kann?
SIE Automatisch.
ER Nicht so wie wir.
SIE Auf keinen Fall.
ER Der wird halt einfach so durchschaun. Wie die meisten Menschen auch. – Traurig.
SIE Die Kreatur.
ER Jaja.
SIE Aber sie ist glücklich: die Kreatur. Weil – sie weiß ja nicht, was ihr fehlt.

Scheusal

SIE Hör einmal auf mit dem Zeitungslesen.
ER *liest in der Zeitung* Da. »Scheusal wurde scheu im Saal.« Na ja, mit so einem geht ma auch net nei in an Saal.
SIE Da muß ma net erst in einen Saal gehn damit! Die sind immer scheu die Scheusale.
ER Aber im Saal am scheusten ... Das Scheusal! Daß de net längst oa zücht ham die braver sind, Bravsal!
SIE Und die man auch überall hin mitnehmen kann! – Bravzimmer.
ER Wohnzimmer. Bravwohnzimmer. Habn die Leute schon längst.
SIE Jetzt gehts wieder gegen mein Bruder und seine Schrankwand.
ER Scheusal hat ja mit Saal nichts zu tun.

SIE Natürlich nicht. Nimm zum Beispiel die Mühsal.
ER Die kann ich doch nicht *nehmen*.
SIE Aber angenommen, Mühsal. Grad so ein Saal macht die größte Mühe für die Putzfrauen.
ER Wenns aber mit Saal nix zu tun hat?
SIE Mit Mühe hat so ein Saal sicher viel zu tun. Wer meinstn, daß den Boden so saubermacht? Die Putzerinnen.
ER Dann sind ma schon wieder bei unserem Frauenproblem.
SIE Du bei deinem. Ich hab keins. Ich bins selber.
ER Aber das Aschenputtel, die is reich worn dabei.
SIE Übers Frauenproblem machst du dich lächerlich!
ER Von der Mühsal steht nix in der Zeitung. Und von die Putzfrauen auch nicht.
SIE Sowas schreibens natürlich nicht. Von an Frauenproblem, die Zeitungsmänner.
ER Zeitungsfrauen, Austrägerinnen, ha.
SIE Da hammas ja schon wieder.
ER Eben.
SIE Was eben?
ER Das Scheusal war ein südamerikanisches Gürteltier. Steht da.
SIE Ein Gürteltier ist doch kein Scheusal.
ER Wie mans nimmt. Wenns an recht an grauseligen Gürtel anhat.
SIE Hast schon ein Gürteltier gesehen?
ER Nein Gottseidank. Aber in an Saal mit frisch geputztem Boden nimmt man des jedenfalls nicht mit. Der Meinung ist auch der Zeitungsmann.
SIE Mach dich nur lächerlich, Scheusal.
ER Und du, Bravzimmer!

Paula

Paula
Ungehorsam   Kaveli

11. Febr. 80.

Paula   Pala Rapäschen.
Liesi

> *Wovon. (Tod)* von Philipp An[...]
>
> Sie Von was sprechen wir denn heute?
>
> Er Ja mei.

Sie Von was sprechen wir denn heute?
Er Ja mei.
Sie Vom »Ja mei« könn mer nicht reden. Also sag!
Er Ja mei.
Sie Sag halt. Wovon sprech mer denn heute!
Er Vom Tod.
Sie Geh, sag halt was Gscheits.
Er Vom Tod. Das ist nix Bläds.
Sie Nein nein. Das tun wir nicht. Das ist ja furchtbar. Vom … von dem sprechen wir nicht. Ich will das Wort nicht mehr hören.
Er Aber du mußt doch auch einmal ste…
Sie Das Wort will ich auch nicht hören.
Er Wir müssen doch alle einmal. Jeder muß doch.
Sie Was?
Er No ja. In diese kleine Kammer.
Sie Wo?
Er Wo jeder für sich allein ist. Wo einem niemand mehr helfen kann.
Sie Was willst denn damit? Was ist denn das für eine Kammer?
Er Ich meine, wenn er dich holt … der Dings, dann legns dich hinein ins – ich möcht das Wort vorsichtshalber gar nicht aussprechen, net. Zu jedem kommt eines Tages der Dings.
Sie Ich habe dir doch gesagt, ich will das Wort nicht hören.
Er Ich sage ja: Dings!
Sie Das ist schon zuviel.
Er Ja wenn das schon zuviel ist, wovon solln wir denn dann reden. Unser – Leben – ist doch so kurz, da möchte man sich in der freien Zeit wenigstens unterhalten, bevors – aus ist.
Sie Schau einfach in die Zeitung. Da findest schon was. Lies einfach was vor.

◁ Kinderzeichnung des Fünfjährigen

Er Das ist eine gute Idee. *Er nimmt die Zeitung, liest, hält inne, stutzt, schüttelt den Kopf.* Nein das ist nix. *Sucht weiter.* Ah, wieder nix. *Sucht.* Und das ist zweimal nix! Das heißt 137 mal nix. *Sucht.* Vom Tierpark. Hast du das gelesen von dem Elefanten?
Sie Nein.
Er Ah na! Lies lieber net.
Sie Jetzt stell dich doch nicht so an. *Geht zu ihm.* Da! Das neugeborene Kind der Woche!
Er Meinst, des kommt aus?
Sie Schluß jetzt mit der Zeitung. Jetzt schaun wir zum Fenster hinunter.
Er Meinetwegen. – Aber auf deine Verantwortung.

Erstes Geleit.

Ein Friedhofs-Trauerzug. Zwei Trauernde hinter einer Gestalt die einen Kinderwagen schiebt. Friedhofsglocke läutet.
Sie Schaun S' des arme Kind, dem is der Großvater gestorben.
Er So ein kleines Kind sollt man gar nicht mitnehmen aufn Friedhof. Des hat doch noch gar nichts davon.
Sie So klein und schon der Großvater gestorben. *Glocke aus.*
Er Immer noch besser, als wenns die Großmutter gewesen wär.
Sie Das ist doch dem Kind egal. Das kann das gar nicht unterscheiden, net.
Er Na ja. Das sieht halt so Gesichter über sich. Und jetzt fehlt ihm eins. Und jetzt weints. *Man hört das Kind weinen.*
Sie Ob des der Großvater oder die Großmutter war – das ist dem Kind egal. – Bloß die Mutter wenns gwesen wär. Da würde das Kind viel lauter weinen.
Er *Auch* beim Vater!
Sie Ich weiß nicht. So ein kleines Kind hängt doch mehr an der Mutter.
Er Das ist bei den Affen, daß die Kinder so dranhängen. – Solche Kinder – die liegen bloß dauernd. Ja, denen liegt mehr am Vater.
Sie Jetzt ist es scheints wieder eingeschlafen. Armes Wuzerl.

ER Wenn des sich später einmal erinnert an sein erstes Erlebnis, dann ist das ein Begräbnis. Kein guter Anfang für die Erinnerung.
SIE Vielleicht hat sies später einmal leichter.
ER Ohne Großmutter.
SIE Ganz bestimmt. – Was gibts schlimmeres, als aufn Friedhof gehen müssen.
ER Gefahren werden – müssen. – Mei, wer weiß. Vielleicht war das die letzte Bitte seiner lieben Großmutter, und die wollts ihr nicht abschlagen.
SIE Großmutter, was reden S' denn. – Sei Großvater is.
ER Was? – Ist das nicht die Beerdigung von der Frau Lechner?
SIE Herr! Und Lechner heißt er auch nicht.
ER So. Dann ist des auch des falsche Enkelkind, des da a so plärrt. Und ich renn hinten nach.
SIE Psst!
ER Ich bin ja glei noch dümmer wie des Bewi. Des weiß zwar nix von der Beerdigung, aber es ist wenigstens bei der richtigen dabei.
SIE Ja! Und Sie habn jetzt die falsche Erinnerung.
ER *zieht seine Uhr.* Und für die richtige ist es zu spät.
SIE So gehts im Leben.
ER Und beim Tod.

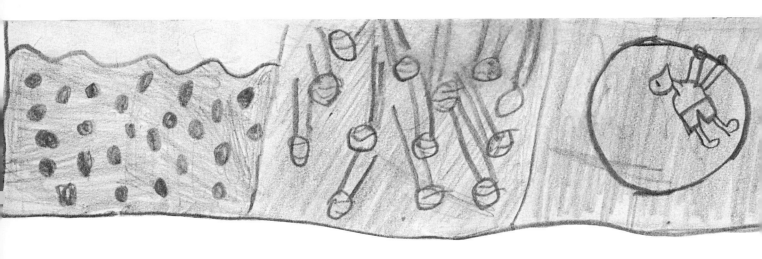

De Unendlichkeid wenne ma vorstei
Da kum i zu koam End.
Des gäht oiwei weida und weida.
Da brauchat ma ja vui Zeit.
Des is ja fast so a Blädsinn wias Treppnbutzn.
Jäde Woch de gleiche Treppn.
Spiegelblank. Zum Ausrutschn.

I hab mi brocha
I brich mi
I wer mi brecha
Wer bricht se?
Wer bricht se net?
Warum brecha se net mehr?
Is brecha so schwea?
Briech.

Da zum Dod Vaurteilde hat se nix mehr
gwinscht vorher, damit er
um des länga lebd.

Da hat amoi a Mo geschworn,
daß er net eher a Ruah ham werd,
bis er endlich wieda a Ruah ham werd.
Und der hat den Schwur
a getreulich ghoitn.

Im Grangnhaus is' schee
De Grangn lacha.
D'Schwestan bediena oan.
D'Gsundheid lauat hinta jäda Tür.
Muaßd grad aufbassn, daß de net dawischt.

Unta da Dischdeckn is koa Disch,
de Dischdeckn duat bloß a so.
Und weils frisch biglt is,
glabts a jeda.

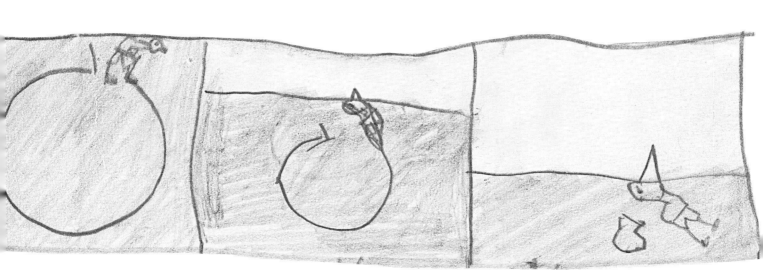

Üwa Deifen kannt ma vui schreibn.
Wias lacha zum Beischbui, wias schdinga und
wias hinka.
Awa wem indräsierdn des heid scho.
Bloß no an Pfarra.

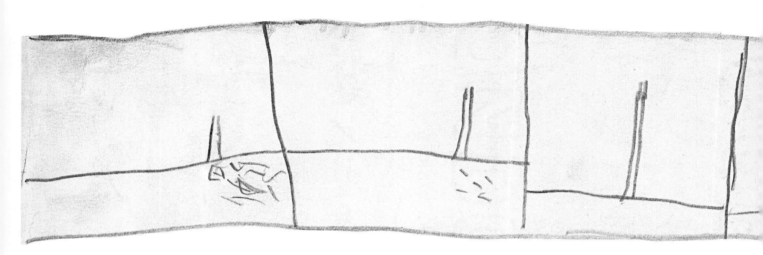

Meine Mühlen

ER Mühlen mahlen langsam.
SIE Was?
ER Mühlen mahlen langsam.
SIE Doch net alle.
ER Mühlen.
SIE Nur ganz bestimmte.
ER Des woaß i scho.
SIE Das muß man dazusagn.
ER Alle Mühlen mahlen langsam …
SIE Nein. – Sie wissen genau, wen ich mein.
ER Mahlen Mühlen …
SIE Wem seine Mühlen? Das sagn S' jetzt!
ER Allahs Mühlen mahlen langsam. Alle.
SIE Endlich. – Ganz stimmts zwar immer noch nicht. Aber langsam wirds schon.
ER Meine Mühlen mahlen langsam.

Wer zuletzt lacht

ER Ich sag Ihnen, Frau Trexler, es ist 5 nach 12.
SIE 5 vor 12, meinen S'
ER Nein.
SIE Man sagt aber so. 5 vor 12. Wenn etwas kurz davor … scho fast zu spät ist, dann sagt man, es ist 5 vor 12, mit so einer Sach.
ER Das mein ich ja auch, drum sag ich doch, es ist 5 nach 12, weils zu spät ist …
SIE *heiter* 5 vor 12 sagt man, höchste Eisenbahn! 5 *nach* 12 hab ich noch nie ghört.
ER Wenns aber immer zwölferer und zwölferer wordn is.
SIE Dann war es 5 vor 12.
ER Ja! Vor 10 Minutn! Also.
SIE Ach so! – Aber so weit sind wir doch noch gar nicht.
ER Doch. Eben schon. Sie habns halt übersehn.
SIE Meinen S' … Aber sowas übersieht man doch nicht.
ER Ständig!
SIE Dann muß mir das glatt entgangen sein!
ER Ist ja nicht so schlimm. Jetzt wissn Sies.
SIE Sie, das ist schon schlimm. 5 vor 12!
ER Nach!
SIE Ja! Meinetwegn, 5 nach 12! Das ist allerhand!! Sehr schlimm ist das!

ER Jaja. Beruhigen Sie sich nur wieder. Ich habs Ihnen ja noch rechtzeitig gsagt.
SIE Rechtzeitig? – Das hättn S'mir früher sagen sollen!
ER Wann denn! Ich kann Ihnen doch net übermorgen ... net ...
SIE 5 vor 12! Um so eine Zeit muß man eim sowas sagn. Nicht dann, wenns zu spät ist danach.
ER Ja freilich. Um 5 vor 12 hättn Sie höchstens recht blöd glacht.
SIE Ich net.
ER Dann hättn eben die andern glacht – irgendwer lacht immer.
SIE *heiter* Wer zuletzt lacht, lacht am besten.
ER Des ist nicht zuletzt, 5 nach 12, das ist nach zuletzt.
SIE Dann müßte es in diesem Fall heißen: Wer zuletzt lacht...
ER Lacht allein!
SIE *lacht* Lacht allein!?
ER Weil wenns die Kernkraftwerk einmal zreißt, dann bleibt höchstens einer über.
SIE Aber ob der dann lacht?
ER Ja – des müßt ma erst ausprobiern.

Südfriedhof

In Oslo oben soll es auch einen Südfriedhof geben! – Obwohl, wenn man bedenkt, daß man – von Rom aus gesehen – über den Südfriedhof in München den selben Kopf schütteln könnte, kommt man zu der Erkenntnis, daß, was Südfriedhöfe betrifft, es eine Frage des Standpunktes ist, wie südlich die selben sind.
Zum Standpunkt ist noch zu sagen, daß man auf einem Punkt nicht stehen kann. Siehe 3 cm nach links. Infolgedessen gibt es in Wirklichkeit keinen Standpunkt, außer dem, der auf dem Stadtplan eingezeichnet ist – auf dem man aber auch nicht stehen kann. Es wäre auch sinnlos, sich auf einen Stadtplan zu stellen.
Stadtpläne sind nicht dazu da, daß man auf ihnen herumgeht, sondern daß man mit ihnen herumgeht, sie dann am Odeonsplatz oder sowo herauszieht und nachschaut, wo man sich befindet. Vorausgesetzt, man findet die Stelle, wo man sich befindet.
Nicht jeder findet sich in einer Stadt zurecht. In so einem Fall steigt man in die Straßenbahn oder in ein Taxi und sagt: Odeonsplatz. Wenn Sie wo anders hinwollen, sagen Sie natürlich was anders. Der Schreiber dieser Zeilen kann ja nicht wissen, wohin Sie wollen.
Deswegen habe ich gesagt – Odeonsplatz. Ich wollte Ihnen damit diesen Platz durchaus nicht aufdrängen. Aber bevor Sie keinen anderen Platz wissen und nirgends hingehen, ist es besser, Sie gehen zum Odeonsplatz. Da habn S' nicht weit.

Valentinade

ER Valentin wurde bei einer Beerdigung geboren, wußten Sie das nicht? Wir werden Ihnen diese Szene jetzt kurz vorspielen. Ich werde den Totenträger eh -gräber ... nein Trägerbeamten spielen und die Angehörigen. Sie wird die Mutter Valentins spielen und das Baby.
SIE Ich muß.
ER Ausgerechnet hier.
SIE ... in die Klinik.
ER Wozu in die Klinik?
SIE Ich bekomme ein Kind.
ER Schon wieder einer.
SIE Helfen Sie mir doch.
ER Jaja gerne. Aber wir beerdigen gerade einen sehr berühmten Mann hier. Karl Valentin, den Komiker.
SIE Und ich werde ihn gleich entbinden. Karl Valentin.
ER Den Komiker? – Das ist nicht möglich!
SIE Schnell, machen Sie den Sarg frei.
ER Was werden die Trauergäste sagen!
SIE Sie werden sich freuen.
ER Auf einem Friedhof wurde er also geboren.
SIE Das gebührt ihm.
ER Bei seiner Beerdigung.
SIE So ein philosophischer Schelm.
ER Jaja. Valentin – fallen Sie nicht in die Grube!
SIE Er wurde geboren. Nicht zur Weihnachtszeit ...
ER ... sondern bei einer Beerdigung.

und was ~~sonst~~ noch alles fällt. *(handwritten: fallen lassen.)*

An der Isar

Er *will anbandeln* Schaung Sie auch gern die Isarfischer zu.
Sie Ich schau bloß a so hinunter.
Er Das ist auch schön. – Bloß a so. – So, so. – Aber das Wasser sehn S' trotzdem. Dagegen können Sie nichts machen.
Sie Will ich auch nicht.
Er Könnten S' auch nicht. Ob Sie wollen oder nicht. – An den Fischern können S' vorbeischaun – so! – aber am Wasser.
Sie Wenn ich zum Deutschen Museum hinüberschau – so! – dann sehe ich nur noch Museum – und Himmel.
Er *macht es nach* Bloß Himmel und Museum. – Möchten Sie ins Deutsche Museum?!
Sie Nein. Ich schau lieber ins Wasser.
Er Da habn S' recht. Das kostet nicht so viel. Und sieht man auch was.
Sie Ja. Museum interessiert mich nicht. Wasser ist mir lieber.
Er Natürlich. Wasser ist viel besser wie Museum. – Da sehn S' das alte Radl zum Beispiel. Da, wo sich des Wasser so kreislt? – Da, wo – sich das Wasser kreuselt!
Sie Ich schau bloß *so* hinein, wissen S'.
Er *Zum erstenmal ein wenig unwillig werdend.* Das schon. Ja. Das mach ich genauso. Ich schau auch bloß a so hinein. Aber dann seh ich immer noch dazu was. Zum Beispiel den Stein da drüben, der wie Gold glitzert.
Sie Haha. Ein goldner Stein.
Er Aha. Den ham S' doch gsehn.
Sie Haha.
Er Des ist ja klar, daß des kein echter goldner Stein ist. Sonst hättn ihn die Fischer schon längst – eingschteckt. Und ich hättn gestern schon eingschteckt. Da hab ich ihn nämlich auch schon gsehn.
Sie Gestern war ich in Nymphenburg.
Er Auch sehr schön.

Sie Hmm?

Er Auch sehr viel Wasser dort. Ja, ja. – Und das Porzellanmuseum.

Sie Da war ich nicht.

Er Jaja. Man muß sich entscheiden: zwischen Nymphenburg – und Porzellan. *Pause.* Jaja. So gehts. Gestern in Nymphenburg, heute Deutsches Museum. *Pause.*

Sie Wenn Sie sich so weit drüberlehnen, kriegen Sie Magenschmerzen.

Er Schade. *Lehnt sich wieder zurück* Aber gut, daß mirs gesagt habn. Sonst hätt ich vielleicht Magenschmerzen bekommen, wäre dann schwindlig davon geworden – und hinuntergestürzt!

Sie Um Gotteswillen!

Er Regen Sie sich nicht auf. Sie trifft keine Schuld. – Sie hätten mich zwar noch zurückreißen können. Aber diese Geistesgegenwart kann man nicht verlangen von jedem. Außerdem – hat es ja niemand gesehen.

Sie Ich hab Sie auch gar nicht fallen sehen. Sonst …

Er Ich glaubs Ihnen. – Aber der Staatsanwalt wird natürlich genau herausbringen wollen wies gewesen ist.

Sie Ich habe noch gesagt: Lehnen Sie sich nicht so weit übers Geländer! – Und dann –!–

Er S Übergwicht hab ich halt kriegt. Is ja nicht weiter schlimm. Ich kann ja schwimmen.

Sie Hoffentlich glaubt das der Staatsanwalt.

Er Na freilich. Das wär ja noch schöner. Ich kann ihm ja was vorschwimmen. – Aber *ich* bin doch nicht angeklagt. Als Hinuntergestürzter. Sondern das Fräulein, das mich hinuntergestürzt hat.

Sie Das bin doch ich. – Aber ich wars nicht.

Er Nein, nein. Schmarrn. Sie ham nur gsagt, ich soll mich nicht hinunterlehnen, damit ich nicht schwindlig werde und hinunterstürze, wenn Sie mich nicht zurückreißen. *Er faßt sich. Wird unwillig.* Das kommt eben davon, wenn man einfach so ins Wasser hineinschaut. Im Deutschen Museum kann sowas nie passieren. Da schaun schon die Wärter drauf, daß nichts passiert, net. – Jetzt geh ich ins Deutsche Museum.

Sie Hallo Sie … vielleicht hab ich doch Lust …

Er Aber Sie nehm ich nicht mit!

Sie Ah!

Er Weil, – bloß a so ins Deutsche Museum gehn, des können Sie sich sparn. Da können S' genau so gut ins Wasser nunter schaun.

Kinderbett

Sie mit eingebundener Hand und Fahrrad, an dem Bremse und Scheinwerfer verbogen sind. Er als Fahrradmechaniker mit blauem Schurz.

Sie   Können Sies noch annehmen bis Freitag?
Er   Freitag?
Sie   Ja bitte.
Er   Freitag is oa Tag vor Samstag!
Sie   Ja, den mein ich.
Er   Versprecha kon i nix. – Was ham S' n da gmacht?
Sie   Das Radl is an a Haus hingfahrn.
Er   Nur recht schnippisch.
Sie   Des war nicht schnippisch. Ein Krach wars!
Er   Des siehgt ma.
Sie   Des war aber schon vor drei Stund.
Er   Vor drei Stund hätt i den Krach aa net besser gsehn.
Sie   Wie schaut den ein Krach aus?
Er   So! Genau so!
Sie   Sie ham hoit a Fantasie, gell? Und zwischen dem Radl und da Hauswand war ein Kind. Ham S' des nicht ghört?
Er   Hats gschrian? … Und was solln de Mullbinden bedeutn um den Scheinwerfer rum?
Sie   Weil a Bluat dort war.
Er   Hots bluat! *Er bindet den Verband ab.* Wo?
Sie   Am Scheinwerfer. – Und am Kopf.
Er   Und wo is jetzt des Kind?
Sie   In dem Haus war a Dokta.
Er   Da ham S' a Glück ghabt…
Sie   Zuerst nicht, aber dann schon.
Er   … daß mich noch angetroffen ham.
Sie   Zuerst den Dokta und dann – Sie.

Er Ja! – Und zuerst das Kind! Was moanan S' wia des Vorradl sunst ausschaugert. Jaja, Glück muß da Mensch ham, zerscht s Kind, dann den Dokta, dann mich! *Er hat den Scheinwerfer ausgebunden.* Da is ja immer no a Bluat dro! – Naa, sowas richt i net, mit Kinderbluat dro. Des müaßn S' vorher abwaschn.

Sie Geh, was san an Sie für ein Mann! *Sie nimmt ihm die Mullbinde aus der Hand und rubbelt die Lenkstange sauber.*

Er Nur recht schnippisch. *Er geht in seine Werkstätte.*

Sie Halt! Halt!

Er Sie sind mir zu schnippisch, Frau! – Wenn Sie mein Leben verfolgt hätten, dann wüßten S' warum.

Sie Ham Sie so schlimme Sachen erlebt?

Er Schlimm nicht – aber schnippisch.

ERSTER Gib mir bitte einen Zahnstocher.
ZWEITER Da mußt du dich schon an jemand anders wenden. Von mir kriegst du keinen.
ERSTER Mir ist etwas zwischen den Zähnen hängen geblieben.
ZWEITER *lacht hämisch* Ah Ahhhha. So nennt man das jetzt.
ERSTER Ich brauch ihn! Hier schau.
ZWEITER Um mich zu stechen. Ja. Nein nein! Von mir kriegst du keinen.
ERSTER Aber Hilde, du! Gib mir du einen Zahnstocher!
HILDE Nein, tut mir leid. Wenn du nur Unsinn im Kopf hast.
ERSTER Ich habe keinen Unsinn im Kopf. Mir ist etwas in den Zähnen hängen geblieben. Da sieh dirs an.
ZWEITER Paß auf, Hilde. Er wird dich stechen.
HILDE Aber er hat doch gar keinen Zahnstocher.
ERSTER Ja! Leider!
HILDE Wieso »leider«, Erwin?
ZWEITER Ja? Wieso leider?
ERSTER Weil ich jetzt endlich stochern möchte!
HILDE Jetzt wird er auch noch wütend.
ZWEITER Ja ja! Weil er nicht stechen kann. Finger weg! Vorsicht, jetzt hat er einen.
HILDE Er stochert zwischen den Zähnen, der Arme.
ZWEITER Ich würde ihm nicht trauen, Hilde. Sein Blick ist ganz nach innen gerichtet. Er ist zufrieden. Bis du jetzt zufrieden, Erwin?
ERSTER *schmatzend* Mh. Ja. Endlich hab ichs, ein Krabbenteilchen.
HILDE Seht ihr, er wollte stochern mit dem Zahnstocher.
ERSTER Was soll ich sonst mit einem Zahnstocher tun als stochern.
ZWEITER Ja stechen!
ERSTER Ihr spinnt ja.
ZWEITER Wir kennen dich nur ein bißchen besser. Gib den Zahnstocher wieder her! Au! Seht ihr.
HILDE Das kann auch ein Versehen gewesen sein.
ERSTER Tut mir leid.
ZWEITER Na wer hat jetzt recht gehabt?
ERSTER Du! An Zahnstochern kann man sich leicht stechen. Sie sind so spitzig.
ZWEITER Das müssen sie sein zum Stochern.
HILDE Erwin ist immer zu Scherzen aufgelegt.
ZWEITER Aber man darf ihm keinen Zahnstocher lassen.
ERSTER Leute! Ich hab noch etwas zwischen den Zähnen.

ZWEITER Brauchst du noch einen Zahnstocher, Erwin? *Öffnet das Fenster, wirft den Zahnstocher hinaus.* Da unten. Vier Stockwerk tiefer.
ERSTER Bist du verrückt? Wenn ein Hund darauf tritt, das sticht wie tausend Nadeln. *Man hört von unten einen Hund jaulen. Darauf schnell Fenster zu* Schon passiert. Tierquäler.
ZWEITER Alles nur wegen dir.
HILDE Weil du immer zu Scherzen aufgelegt bist, Erwin.
ERSTER Mir ist nur etwas zwischen den Zähnen hängengeblieben.
Hundejaulen

Geh weg Gefühl

Geh weg Gfui,
I bin grad beim denga
Des is a andare Kategorie.
Da hast du nix valorn.
Vaflixt jetzt schleich di Gfui.
Elfe is aa scho bereit.
O mei, i hab a so des Gfui,
Des gäht so schnei net weg des Gfui.
Na denge hoid heit net.

(hält sich an der Stuhllehne ein. steht ganz schräg)
Sie Was schaust mich denn so schräg an? hab ich irgendwas falsch gemacht?
Er Du bist schon richtig Kind. Aber deine Umgebung ist verkehrt.
(Er stellt sich auf den Kopf. Das Bild an der Wand wird ebenfalls auf
den Kopf gedreht, Tisch und Stuhl mit den Beinen nach oben etc)
Du lebst in der verkehrten Umgebung Kind, glaub mas.

Zenta! du lebst in einer ganz verkehrten Welt!

Sie Baba. Wenn a Reicher stirbt, des is traurig, gell.
Er Ja...
Sie Und a Armer?
Er Auch traurig, genauso traurig.
Sie Na, des stimmt net, weil die Trauerfeier ist viel kleiner bei einem Armen, des hab ich im Ostfriedhof gsehn.
Er Da treibst du dich rum, lern lieber rechnen.
Sie Ja, da schaug i immer auf römische Zahlen! Auf de Grabstoana!
Er Römische Zahlen!? Dir schmier ich glei oane!
Sie Baba, tätst du, wenn ein Reicher stirbt, genausoviel weinen wie bei einem Armen.
Er Nein, des nicht.
Sie Dann stimmt des ja gar nicht, was du gsagt hast, wennst bei einem Armen doch mehr weinst?...
Er Des stimmt scho, weil wir selber arm sind, drum stimmts.
Sie Dann bist aber nicht objektiv.
Er Na! Auf keinen Fall! Und solang ich arm bin, werd ich auch nicht objektiv – was *des* betrifft! *Er schmiert ihr eine.*

Ölsardinen wieder zum
Leben erwecken

Saudumme Kinder

Nein, da ham S' recht. Kriegsspielzeug soll man ihnen nie geben. Das ist ganz schlecht. Aber anderes so greuslichs Spielzeug auch nicht. – Also ich hab dem meinen dieses Kinder-Kernkraftwerk gekauft. Nie mehr! Am Anfang gings ja ganz gut. Aber dann, die Abfälle. Wollt er die Abfälle unter mein Divan neischiebn. Nein. Da schleichst dich, hab ich ihm gsagt. Des tust in eine Plastiktüte nei. Da gehst jetzt in die Spielwarenabteilung und bringst es dene. – Nach einer zwei dreiviertel Stunde kommt er strahlend zurück: Papa, zur Kernkraftwerk-Serie gibts so Aufbereitungsanlagen. De kostn bloß 295 Mark. De ghörn unbedingt dazu, hat die Verkäuferin gsagt. – Wie groß isn des Trum? – Ja, dazu muß er a Loch im Keller macha. Ja, wie stellst dir denn des vor Bua?, hab i gsagt. Jetzt is s Kammerl schon belegt und jetzt a no da Keller. Mit der Atomspielerei. Was bildn sich denn die Kaufhäuser ein? Was denken sich die eigentlich, wenns sowas herstelln? Fangt ers Weinen an. Dann mischt sich sie noch ein. Also – jetzt hamma halt im Keller drunt de Aufbereitungsanlage. – Alle halbs Jahr kommt ein Bleikanister vom Spielwarengeschäft mit dene Uranstaberl drin. Na zieht er seine Bleimontur an, der Hansi, und mit dene langen Zangen tut ers dann in sein Reaktor nei, die Steckerl. Ich muß allwei lacha dabei, wenns net so ernst wär. Aber was kannst macha, wennst so saudumme Kinder hast, und der Energieverbrauch ständig steigt.

Demonstration

Er *sitzt hinter der Zeitung, es läutet, er schaut auf, rührt sich aber nicht.*
Sie *kommt zurück von der Erholung, mit Koffer.* Ja, du bist ja da! *Begrüßung* Warum hast du mir denn nicht aufgemacht? Hast mich nicht läuten ghört?
Er Oh ja. Ich hab doch den Finger da an der Stelle, wo ich grad gelesen hab', der wäre mir dann bestimmt verrutscht. Aber – wenn du jetzt inzwischen deinen Finger daher tust, dann lauf ich schnell raus und mach dir auf.
Sie *tut es.* Das nützt jetzt nichts mehr, jetzt bin ich schon da.
Er Schade, wennst eher da gewesen wärst, hätt ich dir aufmachen können ... beziehungsweise, wenn du nicht da wärst ... *schüttelt den Kopf* könnt ich dir auch nicht aufmachen.
Sie Zwölf Tage war ich weg. Was hast du denn immer gemacht, in der Zeit?
Er Zwölf Zeitungen hab ich gelesen. Da! – Zwölf Eier hab ich mir gemacht in der Früh. – Und zwölfmal hin und zwölfmal her ...
Sie Alles zwölfmal!
Er Und zwölf Halbe Bier hab ich getrunken.
Sie Sag einmal, spinnst du? Aber sonst ist hoffentlich alles in Ordnung.

ER Alles! Bis auf unseren Sohn. Der liegt im Krankenhaus.
SIE Unser Bepperl, was fehlt ihm denn?
ER Einen Stein habns ihm hinaufgeworfen beim Demonstriern.
SIE Und das sagst du mir jetzt erst.
ER Was mußn der mit seine zwölf Jahr auch schon demonstriern!
SIE Wo habns ihn denn getroffen?
ER Am Hirn; die zieln doch immer auf die schwächste Stelle.
SIE Hat er sich wenigstens tapfer geschlagen?
ER Ja, die habn ihn ganz sauber gschlagn.
SIE Wofür hat er dann eigentlich gekämpft, der Bepperl?
ER Des könnt ich dir jetzt gar nicht sagn. Ob er auf der Seite vom Kultusminister war, oder … bei denen, die … Jedenfalls, wenn ihn der Stein oben getroffen hat – muß er unten gewesen sein. Sonst hätte ihn der Stein – ganz woanders getroffen …
SIE Das sind saubere Neuigkeiten. Da siehst dus jetzt, mit deinem Sohn.
ER Nur nicht vorschnell urteilen. Vielleicht hat er doch fürn Kultusminister demonstriert.

Mit Friederike Frerichs in ›Boesmann und Lena‹ von Athol Fugard (1977)

Funde am Eisbach

ARP Ham S' 8 Uhr Blatt gelesen. Schon wieder einer angschwemmt am Eisbachrechen im Englischen Garten. Des geht ja jetzt schon acht Tag so, am Montag der Dr. Grassl, Immobilien München. Und da Schiffmeier, der Baulöwe, muß scho drei Tag drin glegen sein. Dienstag ... oder wars Mittwoch der Regierungsrat vom Bauplanungsamt – Irrl, oder so. Donnerstag Stocker, bloß Hausbesitzer – viele Häuser! Heute 8 Uhr Blatt. I schneid mirs immer raus. *Zieht eine lange Papierschere an einem Strick nach oben, die um seinen Gürtel baumelt, stochert damit in der Luft.* Weil das ganze interessiert mich. *Er schneidet einen Artikel aus, liest daraus vor.* Die geheimnisvollen Funde am Eisbachrechen brechen nicht ab. Gestern wurde angeschwemmt: Dr. Schäufele, Universitätsbauamt. Franz Stöckel, Hausverwaltungen der Hackerbrauerei. Dieter Holzapfel, Abbruchunternehmer usw. usw. Da könnt ich ewig so weiter machen ... Über die Täter ist noch immer nichts bekannt. Die Polizeisonderkommission tappt noch im dunkeln. Einziger Anhaltspunkt: Die Bedauernswerten waren alle auf dem Bausektor unserer Stadt tätig. – Ja des is doch klar, des siehgt ma doch, daß da a Zusammenhang besteht. Also unsere Polizei! Nach einer Woche merkens das!

SIE Jetzt reicht es, Herr Arp.

ARP Wer sanan Sie?

SIE *reicht ihm die Marke und Ausweis*

ARP Ahh. Habe die Ehre. Kriminalpolizei. Alle Achtung – da schau her. Sie sind verkleidet da unten gehockt. Und ham gwart auf Ihrn Auftritt. Das habn Sie gut gemacht.

SIE Nun haben wir ja den Mörder.

ARP Wo?

SIE Sie haben diese Leute in den Eisbach gestoßen.

ARP Geschrieben!

SIE Tun Sie doch nicht so. Alle diese Personen am Eisbachrechen sind von Ihnen persönlich dorthin gebracht worden.

ARP Das ist ein fürchterliches Mißverständnis. Eine Verkennung.

SIE Das Manuskript ist beschlagnahmt. *Sie nimmt die Zeitung an sich.*

ARP Des is doch a Zeitung. Auflage 300 000. S' 8 Uhr Blatt!

SIE Mir machen Sie nichts vor. Die Zuschauer können Sie vielleicht beschwindeln, aber uns nicht. *Sie trennt das aufgeklebte Blatt vom Zeitungsausschnitt.*

ARP Das ist Berufsschädigung!

SIE *auf das Manuskript deutend* Und das hier ist Mord!

ARP Mord! Das nehmen S' aber zurück. Sonst sag ich nämlich, daß mein Vortrag eine Satire war. Und dann hab ich Immunität. Gell, Polt?

Sie Dann ist das Anstiftung. Fünf Jahre. *Liest in seinem Manuskript* Ahh! Fink und Gauweiler haben Sie auch hineingestoßen! – Das haben Sie ja vorhin unterschlagen. – Macht sieben Jahre.
Arp Hineingeschrieben!
Sie Anstiftung! Eben!!
Arp San S' doch froh, daß i net schiaß.
Sie Ah. *Notiert.* Das kommt auch zu den Akten. *Ab, nimmt ihn mit.* Folgen Sie mir!
Arp Wenn ich das geahnt hätte, hätt ich Sie auch anschwemmen lassen.

Er Gruppe Gruppe Gruppe.
Sie Was redsdn da?
Er Gruppe.
Sie Was willstn damit?
Er Gruppe sagn.
Sie Was für a Gruppe?
Er B M Gruppe.
Sie Gruppe Gruppe Gruppe Gruppe. So kannst tagelang weitermachen.
Er Nein.
Sie Freilich – Gruppe Gruppe Gruppe.
Er Weils verboten ist.
Sie Geh! Wer hatn des verboten?
Er Alle.
Sie Aber du sagst es trotzdem: Gruppe Gruppe Gruppe. Wie lange möchst so weitermachen?
Er Solangs verboten ist. Gruppe Gruppe Gruppe Gruppe …
Sie Jaja! Gruppe Gruppe Gruppe Gruppe. Des interessiert doch niemand.

ER Mich schon. Die san ebn vergeßlich, die Leid.
SIE Schwach. – Wenn des dein Beitrag ist.
ER Das ist mein Beitrag und ist nicht schwach sondern stark. Gruppe Gruppe Gruppe.
SIE Saubande.
ER *unterbricht sich*
SIE Ich mein die andern.
ER Jaja – die schon, Saubande! Gruppe Gruppe Gruppe Gruppe.
SIE Du bist zu spät dran. Das ist nicht mehr aktuell.
ER Das wird wieder aktuell. Da kannst dich drauf verlassen.
SIE Ich kann dir ja helfen: *Schreit* Gruppe Gruppe.
ER Jawoll! Gruppe Gruppe …
SIE Saubande – die andern!
ER Jawoll, Saubande. Gruppe …
SIE B M Gruppe …
ER Gruppe Gruppe Gruppe … *Ab*

Mit Otto Grünmandl in ›Sprungtuch‹ (1984)

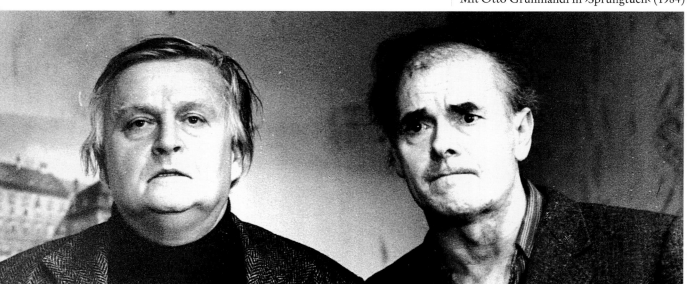

Simon Knoll wird aus seinem neuesten Buch lesen: Revolution auf dem Papier! – Da man erwartet, daß es während dieser Lesung zu Gewaltanwendungen kommen wird, werden die Zuhörer ausschließlich aus Kriminalern bestehen.

S Gsindl. des san so leid de wo
in ta da Bruckn s klappa
~~an Weibleck bicd~~
wo se so unananda drucka und
daianand umzjaug sind an
Beruf wäxln
wo steun und bädln sind nix
artistn haisn
de wo in so Weiblechhüttn ~~vohn~~
                           awa
S Gsindl is meistns arm, es
            gibt a a reichs Gsindl
vo dene kone net so vui song, vo
        net
dene heat ma wenija
Die Kenn i ned so ausananda.

Zeichnung des Elfjährigen

Sampfd sengd se da Hubschrauba auf uns herab und haud uns alle an Kopf ob. Dea Hubschraubabilod kon aba nix dafüa, er hod uns nemlich net gsäng duach seine oglaffana Bruinglasl. Mia drong eahm aa alle mitnand nix nach.

Wenn ma de Genaroi scho ois Kinda im Sandkastn kena dat wer oana is. Da kannt mas leichd zuaschaufen und daschdigga.

»Baba, woher kumma de vuin Kriagadenkmoi in de Döafa?«
»Vum Kriag.«
»Und woher kumma de Kriag?«
»Von de vuin Kriegadenkmoi.«

Philip Arp
München Bereiteranger 6   München den

An den Kulturausschuß

Sehr geehrter Kulturausschuß !

Als Vorsitzender des Kulturausschußes des Theaters am Sozialamt möchte ich heute, sozusagen von Ausschuß zu Ausschuß, einige Worte in Ihr Ohr schießen, nach dem Motto Aus um Aus! Schuß um Schuß!

Zuvor aber einige grundsätzliche Gedanken über Kult, Kultur und Ausschluß: Da man das Fach 'Kultur' weder in der Schule lernen kann noch auf der Univerität, bleibt als einzige Institution praktisch nur der Kultur-Ausschuß. Hier lernt man am lebenden Objekt, daß Geld nicht nur die Welt regiert, sondern auch die Bretter die. Sehr verehrte Damen und Herren. Jedes Brett hat Astlöcher. Schauen Sie einmal durch ein solches Loch. Was sehen Sie da? ... Die Schuhsolen des Schauspielers und, evtl. durch sie hindurch, die Socken oder die Fußsohle. Wenden Sie sich nicht ab! Es sind reißliche Leute darunter, und knarzende alte Bühnenbretter werden täglich gewischt. Sehen Sie, das und noch mehr erfahren Sie im K.A.S.

Wie ist es aber mit dem Geld, werden Sie fragen. Was hat das Geld im Kulturausschuß zu suchen? Ganz recht. Vollkommen logisch von Ihnen gedacht. Es hat wirklich nichts dort zu suchen. Geben Sie es schnell weg. Und denken Sie dabei an den Spruch: 'Die Großen läßt man laufen, die Kleinen schießt man zu'. Und diese Worte, in meiner Eigenschaft als Mitglied des Fünferrades des Theaters, also - von Rad zu Rat gesprochen, mögen Sie darin bestärken.

In wahrer Hochachtung

Philip Arp

Die Künste

Die Künste. – Ein Thema, das nachweislich nur wenige Fachleute interessiert. Das ist auch der Grund, weshalb ich mit diesem Vortrag landauf landab mit minimalem Erfolg herumziehe. Aber ganz mag ichn doch nicht streichen, weil, sie sind wichtig, die Künste. Aber ich werde mich kurz fassen. Malerei Musik Bildhauerei Tanz Schauspielerei Literatur Film Architektur. Damit wäre im großen und ganzen alles gesagt.
Aber bitte. Vielleicht ist jemand unter Ihnen, der es genauer wissen will.
Nehmen wir zum Beispiel Musik – Laaa – weg is. Dagegen Malerei *Er zeichnet einen hellblauen Strich auf einen Papierblock* – bleibt. Aber man hört nichts. *Er reißt das Blatt ab.*
Vergleichen wir einmal Musik und Malerei: – Laaa – *Er zeichnet einen blauen Strich.* Können wir schon gar nicht mehr vergleichen, weil das eine schon wieder weg ist. – Was sagt uns das?!
Darauf werde ich später nochmal zurückkommen, wenn die Zeit reicht. Vorläufig nur soviel: Das eine verschwindet immer sofort wieder – das andere bleibt da, aber man hört nichts davon.
Ja! Aber wie ist es denn mit der Schallplatte, werden einige denken. Hat er die vergessen? – Die kann man gar nicht vergessen. Und ich werde gleich drauf sprechen ... zu kommen. Am besten ich demonstriers Ihnen im physikalischen Experiment.
Da haben wir also die Schallplatte! In unserem Fall ein Schall-Band. Ein Band tuts genau so wie eine Platte. Dreht sich auch. Nur andersrum.
Achtung! Musik: – Laaa – Literatur *Er zeigt ein Buch* kann man aufheben. Aufhebn. Jahrtausende hat man das Laaa nicht aufheben können. Seit kurzer Zeit – kann mans. *Er läßt das Band laufen, man hört laaaaa.* Aber ist das wirklich das gleiche laaaaa? So wie dieser Tanzschritt *tanzt* mein Tanzschritt ist. Laaaa! *Darauf laaaa vom Band. Er schüttelt den Kopf. Laaa vom Band.* Da fehl doch ich. Und genauso ist es mit der Architektur, der Bildhauerei, dem Zirkus, dem Seiltanz, der Schauspielerei. – Nur mit dem Film. Da kann man das machen. Muß sogar. Aber muß ma sich das gefallen lassen? *Er hebt fragend die Schultern.*
Ich könnte Ihnen noch viele physikalische und chemische Experimente dieser Art vorführen. Auch elektronische. Aber es wär nur immer das gleiche. Es tät immer was fehlen. Sie können das auch alleine, daheim ausprobieren. Bitte schreiben Sie uns. Möglichst handgeschrieben. Wir werden ihre Briefe wiegen auf einer alten Küchenwaage mit Gewichten. Kollegen und Kunsthistoriker, sowie Sonntagsmaler, Hausmusiker, Sonntagsarchitekten, Hausliteraten, Hauskapläne, Laientänzer, Rezensenten und Laienfänger verweise ich auf mein Buch: Die Künste. Das demnächst geschrieben werden wird. Darin finden Sie vieles, was Sie bisher nicht gefunden haben und vielleicht nie finden werden.
Guten Abend.

Parkbesitzer und gärtner

ANETTE *als Gärtner mit grüner Schürze und Strohhut und Gießkanne und Baum. Gießt mit leerer Gießkanne und stößt den Baum immer wieder ins Erdreich. Holt Bügeleisen und beschwert die Wurzeln.*
PHILIP   *als Parkbesitzer mit grauem Zylinder.*
PHILIP   Ah, lieber Gärtner, Sie sind auch schon auf?
ANETTE   Ja, ich steh mit dem ersten Blümlein auf. Daß *Sie* schon auf sind? Sie könnten ja in Ihren Daunenbetten ruhen solang Sie wollen und s Frühstück ans Bett läuten?
PHILIP   Aha, hat es lange nicht geregnet? Das ist eine schwierige Zeit für einen Gärtner.
ANETTE   Nana, mir macht des nichts. Verdursten tun nur die Blümlein – ich hab ja ein Biertragl im Schuppen.
PHILIP   Na! Eine Träne werden Sie schon weinen als Gärtner, wenn alle sterben.
ANETTE   *Ich* nicht. – Alle sind ja noch nicht hin, die erholen sich schon wieder.
PHILIP   Hoffentlich, das ist meine schönste Rabatte, diese … wie heißen sie denn?
ANETTE   Die Ringelnattern … und so liebe kleine Blüten! Wie Augerl!
PHILIP   Passen Sie doch auf! Jetzt wären Sie fast draufgetreten.
ANETTE   Das macht denen nix. Die nattern sich schon weiter.
PHILIP   Bringen Sie davon ein Körbchen für die Frau General. Wie lange halten die in der Vase?
ANETTE   *Ja?* Wenn die Vase nicht zerschossen wird – ewig.
PHILIP   Das wollen wir nicht hoffen.
ANETTE   Ja, leider passieren oft Sachen, die man gar nicht erhofft hat. – Ja! die Anemonerl sind ja kurz vorm Eintrocknen!
PHILIP   *sammelt Sterne aus Silberpapier vom Boden*
ANETTE   *für sich* De steck ich heimlich immer hin, drum bin i so früh auf.

PHILIP Ha! Das ist ja alles Papier! – Das brauchen Sie nicht heimlich zu machen – hat ja jeder schon gesehen, Potz Blitz!
ANETTE Dann sind Sie gar nicht der General?
PHILIP Tun Sie doch nicht so! Sie wissen genau, wer ich bin. Hier auf der Bühne wächst doch nie etwas Natürliches *zieht die Blümchen an der Richtschnur in die Höhe.* Sie sind die Intendantin ... Spola? Eigentlich sollte ich den Gärtner spielen. *Sie gibt ihm Schurz und Strohhut, nimmt seinen Zylinder* – Wie ist der Text?
ANETTE Bühne ist ewiges Leben. Bühne ist verdichtetes Leben.
PHILIP Verdichtet, ja, das ist wahr, alles verdichtet, sogar die Blumen! Stanislawsky Maiersky, der Maschinenmensch 1895 und der Schauspieler. Ach See!
ANETTE Tot.
PHILIP Wie Ihr Herr Vater. Eingetrocknet. Wir Gärtner lassen alles eintrocknen – den fliegenden Holländer. In solchen trockenen Sommern stirbt selbst die Kreuzotter. – Ich bräucht bloß die Automatik einschalten, dann gluckerts, Überschwemmung!
ANETTE Wie? Sie haben eine automatische Anlage? Potz Blitz!
PHILIP Wie, Sie haben eine automatische Anlage? Post Blitz Opel?
ANETTE Das sage ich als General!
PHILIP Ja, dann *gehörts* doch Ihnen, die Anlage, dann haben Sie doch eine automatische Anlage? Blitz Donner! Oder gehört die der Intendantin Spola? Wo isn die Anlage überhaupt? Potz Blitz! Ich hab schon bei den Proben nichts davon gesehen. Post Eisenbahn. Wenigstens einen Schlauch! ... Die frisch gepflanzten Obstbäume verrecken mir ja, die brauchen viel Wasser.
ANETTE Hier auf der Bühne verreckt doch nichts.
PHILIP Aber mir müssen so tun als wie wenns varrecka tat!
ANETTE Gut dann tun Sie so!! Hier sind die Obstbäume!! Bitte – !
PHILIP In diesem Ton – da wunderts mich nicht mehr, daß Stanislawsky gestohlen worden ist aus einem Moskauer Theater, lebend! Mit einer Träne im Auge ...
ANETTE Immer diese Träne –
PHILIP Ach was erzähl ich Ihnen denn da? Sie wern des nie begreifen –, des hab ich in der Zeitung gelesen.
ANETTE Unmöglich, kyrillisch! –
PHILIP Doch, in einer alten Zeitung, in einer uralten – Bühnenzeitung.
ANETTE Eine echte Zeitung?
PHILIP Kann sein, daß gemalt war von unserem alten Bühnenmaler.

	Der macht des so großartig daß man mit Interesse drin liest. Geldscheine wenn vorkommen in einem Stück, mit dene konma sogar zahlen. – Daß der Bühnenmaler bleibt? – Ein Idealist. – Ein Häuserl und eine Insel in Griechenland hat er und eine Yacht. Das ist bescheiden.
ANETTE	Wenn Sie so malen könnten?
PHILIP	Ich tät eine automatische Wassersprenganlage malen, wo ma so richtig das Wasser glitzern sieht. Da täten die Blumen schon wachsen dann.
ANETTE	Kitsch!
PHILIP	Und das Haus wär voll. Da tätns hereindrängen, die Schauer.
ANETTE	Die Wasserschauer sehen.
PHILIP	Schauer zu Schauer – weils des kennen. – Ein Körbchen mit Kreuzottern – für die Frau Generalin, hier, Hongkong-Papierarbeiten.
ANETTE	Danke danke, lieber Gärtner.

Erklärung des Stückes für die Zuschauer nach der Vorstellung zu Hause.

Das Stück, das Sie heute abend gesehen haben, war ein Volksstück, im Sinne etwa eines Simon Atlas, eines Anione Quite oder Vivivalidia. Wenn z. B. im ersten Bild der Flüchtling das Meer erreicht und meint, es sei die Isar – dann denkt der mitdenkende Zuschauer unbedingt an die Donau und das Schwarze Meer. Wenn im zweiten Bild tatsächlich die Donau über die Bühne fließt, wundert sich niemand mehr darüber. Oder die Szene am Lautsprecher. Da geht es um 7 Mark fünfzig in der Stunde, das arme Mädchen und den unsichtbaren Direktor.
Aber lassen wir einmal den Zirkus beim Zelt und fragen stattdessen: Was sagt uns dieser Theater-Abend noch darüber hinaus? – Nach Moosach hinaus! Und wir sollten uns solcher Bananen-Antworten nicht schämen. War es doch kein geringerer als.
Denn spätestens am Ende des Stückes, wenn das Fräulein auf dem Pferd, mit dem Schild »Ende« herumreitet, wissen wir, daß nichts nachkommt. So daß es also auch eher unmöglich bleiben wird, dieses Theater-Erlebnis hernach zu Hause, so wie es war, nochmal zu betasten. Denn im Grunde genommen, ist das Betasten der Waren nur während des Kaufes erlaubt.

Buchbinder Wanninger Probe

ER Als nächstes wollen wir Ihnen wieder als Zwischenspiel ein längeres Zwischenspiel bringen. Und zwar – das ist ganz einfach für uns. Wir proben nämlich gerade an einer verbesserten Aufnahme der berühmten *Er dreht mit dem Finger Kreise* Schallplattenaufnahme: Der Buchbinder Wanninger von Karl Valentin. Das Stück wollen wir etwas mehr herausarbeiten … das Wesentliche … und komprimieren … für die heutige Zeit.

SIE *als Regisseur und Aufnahmeleiter* Hier ist Ihr Text. *Sie richtet das Mikrofon ein etc.* Ist die Technik so weit?

TECHNIKER Ja!

ER Die Technik hat gsagt, sie ist so weit …

SIE Ich habs gehört, ja ja. – Wir haben Ihre Dialogpartner und die Geräusche schon im Kasten. Wir brauchen Sie nur noch dazwischen zu legen.

ER *weiß nicht recht.*

SIE Partner und Geräusche haben wir schon. Ihre Texte legen wir dazwischen. Ich gebe Ihnen jeweils ein Zeichen, wenn es so weit ist. *Sie zeigt dazu das Zeichen.*

ER *liest darauf.* Hier ist der Buchbinder Wanninger. Ich wollte Sie …

SIE Halt halt, zu früh. –

ER Sie habn doch Zeichen gemacht …

SIE Hören wir uns das Band erst mal an. – Technik! Ton ab!

TECHNIKER Ton läuft.

SIE *deutet aufmunternd mit dem Finger.*

ER *will schon wieder mit seinem Text beginnen, läßt wieder davon ab. Tonbandeinspielung: Zehnerlfallen, Geräusche der Wählscheibe, tuut tuut. – Stimme »Hier Baufirma Meisl und Compagnie«.*

SIE *macht ihm ein Zeichen, wiederholt es.*

ER *nickt mißverstehend, hebt ebenfalls anerkennend den Finger, horcht weiter.*

SIE Das ist Ihre Pause. – Da sollen Sie reden!

ER In meiner Pause! Soll ich reden.

Sie Band zurück, nochmal! – Schauen Sie auf meine Hand. *Tonbandeinspielung wie vorher.*
Er *schaut währendessen abwechselnd auf die Hand, in den Text, zum Techniker hinaus, in die Zuschauer oder auf die Seite, wo gar nichts los ist.*
Sie *gibt Zeichen.*
Er Hier ist der Buchbinder Wanninger, ich wollte Sie …
Sie Wanninger! heißt das. Buchbinder Wanninger.
Er Hier ist der Buchbinder Wanninger, ich wollte Sie nur fragen …
Sie Gut. Ich höre mir das gleich mal an. *Sie eilt hinaus zur Technik.*
Er *macht Zeichen hinaus. Achselzucken. Tonbandeinspielung wie vorher.*
Er *macht dazwischen aufgeregt Handzeichen nach draußen.* Hier ist der Buchbinder Wanninger Wanninger. Ich möchte Ihnen nur mitteilen …
Sie Nochmal! *Tonbandeinspielung wie vorher.*
Er *schaut hinaus, sieht das Zeichen, nickt, schaut in seinen Text, liest.* Hier ist der Buchbinder Wanninger. Ich möchte Ihnen nur mitteilen …
Sie Stellen Sie sich vor, Sie sind in einem Telefonhäuschen. Und wollen nun der Firma mitteilen. Zuerst ahnen Sie noch nichts Böses. Ein Buchbinder. – Also nochmal. Ohne Ton. *Sie gibt Zeichen.*
Er *spricht stumm.*
Sie Ohne Tonband.
Er *nickt lächelnd.* Ach so. Hier ist der Buchbinder Wanninger.
Sie Gut! *Geht hinaus.*
Er *schreit ihr nach, in ihre Richtung.* Hier ist der Buchbinder Wanninger!
Sie Moment!
Er Ich wollte Sie nur noch was fragen.
Sie Wir sind noch nicht so weit.
Er Ich wollte Sie was fragen.
Sie Moment …
Er Nein! ich wollte *Sie* was fragen. – Könnt ich des auch so betonen: Hier ist der Buchbinder Wanninger? *Er betont ganz normal wie vorhin.*
Sie Ja gut!
Er Ich möchte der Intendanz dieses nur mitteilen, daß …
Sie Gut, ausgezeichnet! Nehmen wir auf.
Tonbandeinspielung wie vorher

Er Hier ist der ...
Techniker *schraubt ihm das Mikrofon weg und stellt es anders. Tonbandeinspielung wie vorher, ohne Text, nur mit ›tut‹.*
Er Hallo! Hier ist Karl Wanninger. Buchbinder bin ich auch.
Sie Aus! – Bis nachher. Technik! Wir hören uns das mal an – von Anfang an.
Es wird ca. die Hälfte der Plattenaufnahme »Buchbinder Wanninger« von Karl Valentin gespielt, bis ihr »Aus« von vorhin dazwischenkommt. Die beiden Darsteller hören ohne großes Spiel zu.
Sie Schon ganz gut.
Er Wirklich ausgezeichnet! – Das hab ich nie gemeint, daß ich so gut bin.

D Pfungkheisl Leid
voanschdoidn a Mundart-Rennats
mid Sach Preise – pfuideife
machts olle mid
es Orschlecha,
damids eich schee vabrodn kenna,
de Orschlecha

    Und «in der Sprache barfuß gehen» –
    Wea hotn den scheena Sats eafunden?
    Gschmackvolla is nimma ganga ha?
    Wos hotn Bairisch ren mit »barfuß« zdoa?
    (Barfuaß – bairisch – Näga äcätra – barfuas)
    Dea soi amoi nomoi nochdenga üwa den Fuas Kaas
    Dea wo se des »barfuß« ausdenkt hot.

Picasso

Er und Sie haben Dreck in einer Schale. Ein Tonbandgerät läuft. Sie hält ein Mikrofon. Er nimmt Dreck mit der Hand hoch, hält ihn ans Mikro. Die beiden nehmen Dreck auf Tonband auf. Der Bühnenmeister kommt hinzu.

BÜHNENMEISTER   Was ist denn das?
BEIDE *einander ins Wort fallend* Dreck.
BÜHNENMEISTER   Was machen S' n da?
BEIDE *wollen zugleich reden, fallen einander ins Wort, verstummen wieder.* Das … das … d … das se … das se … d …
ER   Also sags du!
SIE   Das sehn S' doch.
ER   Aber bei der nächsten Frage antworte ich.
BÜHNENMEISTER   Dreck können S' doch nicht auf Tonband aufnehmen.
ER   Dreck kann man nicht auf Tonband aufnehmen? Da Picasso …
SIE   Dreck kann man schon auf Tonband aufnehmen.
ER   Da Picasso hot gsagt …
BÜHNENMEISTER   Aber nicht diesen Dreck.
SIE   An andern Dreck. *Zu ihm* Wir brauchen an andern Dreck.
ER   Da Picasso hat gsagt, man kann …
BÜHNENMEISTER   Der Picasso. Der hat überhaupt keine Töne von sich gegeben.
SIE   Sondern Farben.
ER   Doch, er hat gesagt … *Er meint, er würde wieder unterbrochen werden, stoppt, Pause.*
BÜHNENMEISTER   Was hat er gsagt?
ER   *Pause.* Daß man auch aus Dreck Kunst machen kann.
SIE   Wir wollen aber keine Kunst machen, nur eine Tonbandaufnahme.
ER   Ja dann – können wir uns den Dreck sparn.
SIE   Wofür willstn sparn? Für wen?
ER   Fürn Picasso.
BÜHNENMEISTER   Der Picasso lebt schon längst nicht mehr.
SIE   Wo solln ma dann den Dreck hintun?
ER   Dann müßn ma halt doch Kunst machen. *Er nimmt den Dreck.*

Rosen aus dem Süden.

SIE »Rosen aus dem Süden«. Ein seltsamer Name für einen Walzer.
ER Finde ich nicht. Dieser Walzer ist ein Riesenerfolg.
SIE Aber »Rosen aus dem Süden«? Ein umständlicher Titel.
ER Für einen Walzer ist jeder Titel denkbar.
SIE Auch: »Stiftenkopf«?
ER Ein Walzer mit dem Titel »Stiftenkopf« wird bestimmt kein Erfolg.
SIE Warum nicht? Gerade so etwas Ausgefallenes könnte einschlagen.
ER »Engelshaar«, ja das wäre ein Titel für einen Walzer.
SIE Und das findest du nicht ausgefallen?
ER Engelshaar? Ausgefallen?
SIE Ja.
ER Nie. – Ein Riesenerfolg.
SIE «Engelshaar» von Johann Strauß ja. Aber Engelshaar von einem Unbekannten. Nein.
ER Doch! Wetten! Engelshaar ist ein Erfolg.
SIE Wenn die Musik gut ist.
ER Muß gut sein, bei diesem Titel.
SIE Wenn sie von Johann Strauß ist, ja.
ER Johann Strauß ist tot. Er kann keine Musik mehr zu Engelshaar schreiben.
SIE Aber wenn er den Walzer Engelshaar geschrieben hätte, wärs ein Erfolg!
ER Ja natürlich. Aber es gibt auch noch junge, lebende Komponisten!
SIE Mag sein. Aber die schreiben keine Musik zu Engelshaar.
ER Ihr eigener Schaden. Ich würde ihnen diesen Titel auch gar nicht überlassen. Diesen jungen Komponisten.
SIE Die würden darüber lachen.
ER Sollen sie doch. Ich behalte meinen Titel für mich.
SIE Ohne Musik.
ER Wer weiß, eines Tages kommt einer …
SIE Ein kleiner Mozart …
ER Oder ein kleiner Johann Strauß! Diese Leute, vastehn was von Titeln.
SIE Bitte überlassen Sie mir den Titel Engelshaar, wird Strauß dich bitten. Sie hören jetzt die Wiener Philharmoniker unter der Leitung von Herbert von Karajan mit dem Walzer »Engelshaar« von Johann Strauß.
ER Blödsinn
SIE »Rosen aus dem Süden« und »Engelshaar«!
ER Mhm. Da da daa daa dam damm dram dram *daratam* tam *singt* En-gels-haar, En-gels-haar! Wie geschaffen für einen 3/4 Takt.

Sie *Reporterin* Musik … Musik … Was ist Ihre Meinung zu Musik?
Er Schlecht, ich mag sie nicht, sie ist mir zu schwer, weil, ich bin Spediteur.
Sie Die subjektive Meinung eines einzelnen. Liebe Hörer! Lassen Sie sich dadurch von Ihrer Liebe zur Musik nicht abhalten. – Waren Sie denn schon in einem Konzert? Von Beethoven oder …
Er Was glaubn S'?! Ich transportier ja die Flügel hin zu de Konzerte, da krieg ich dann meistens eine Freikarte gschenkt, aber die schmeiß ich weg, weil mir von dene Flügel der Rücken so wehtut. Schaun S', Mozart hat in seinem Leben keinen Flügel transportiert.
Sie Sie brauchen ja nicht selber spielen.
Er Aber selber zuhören! Wenn ich im Konzert sitz und der Mozart spielt vorne, bin ich doch selber Zuhörer!
Sie Das kann ja nicht gut ein anderer für Sie machen.
Er Aber Sie tun, als wenn des nix wär. Spediteren könnt dann a anderer, wenn ich schon die Musik – aufnehme.
Sie Die anderen Zuhörer haben in ihrem Leben auch noch einen Beruf.
Er Das ist ja das falsche. Dann könnens doch nicht mehr richtig zuhören.
Sie Demnach müßte ein neuer Beruf erfunden werden – der des Zuhörers.
Er Und Zuschauers und Kopfschüttlers und Lesers.
Sie Wer soll dann die Arbeit machen?
Er … Des is ja die Arbeit!
Sie Und die Künstler sollen dann wohl ihre … Kunden bezahlen dafür.
Er Wäre logisch!! Ja!
Sie In Ihrer Logik. Nein, nein, mein Lieber.
Er Ich bin nicht Ihr Lieber.
Sie Allerdings. Mein Lieber ist der Abteilungsleiter unserer Abteilung.
Er Sehen S', das ist Ihr eigentlicher Beruf. Genauso ist es mit den Zuhörern.
Sie Das versteh ich nun nicht.
Er Glaub ich Ihnen. Hört der des alles mit, der Abteilungs …
Sie Alles nicht.
Er Das jetzt?
Sie Kann schon sein.
Er Dann ist er Zuhörer – und muß Ihnen was bezahlen, wenn Sie

166

Sie heimkommen. – Und mir auch. – Ich begleit Ihnen dann heim. Das krieg ma schon. – Fragen S' mi nur weiter!
Sie Für Interviewpartner gibt es keine Gage.
Er Aber Sie verdienen was damit, dann könntn S' ma doch auch was gebn.
Sie Das läuft alles über die Kasse.
Er Wie beim Konzert.
Sie Dieses Wort kann ich von Ihnen nicht mehr hören.
Er Lieben Sie die Musik nicht?
Sie Musik, Musik – meine lieben Hörerinnen …
Er Und Abteilungsleiter.
Sie Das war unsere Sendung: Die Meinung des Arbeiters.
Er Und Zuhörers. – Mir ist einmal ein Flügel nuntergfalln. – Der Pianist hätt bald gweint. – Dann hat er im Liegen gespielt. Die Frauen im Zuschauerraum sind alle aufgestanden und ham begeistert geklatscht – manche ham sich auch hingelegt. Das war das erste Konzert im Liegen – heute ist sowas ja allgemein üblich – aber ich war der erste!
Sie Danke sehr Herr Spediteur! – Ende.
Er Bitte, bitte, wann S' einmal a Schallplatte zum Transportiern ham, rufen S' mich ruhig an. Ob des Mozart ist oder Strawinsky, Rimski Korsakoff, Orff, Hindemith, von Einem oder Weill. Bela Bartok, weil, des is mir ganz egal. Oder Bach oder Paracelsius oder Palestrina oder Liszt oder Carl Maria von Weber oder Mozart oder Schumann oder Haydn oder Orlando di Lasso, den aa no, oder Mozart oder Lehar … Weill, Bizet, Verdi, vor allem, Franz von Suppé, Strawinsky, Schostakovitch, Orff, Bartok und dann natürlich … Mozart …
Sie Jaja Mozart. – Es ist schon längst ins Studio zurückgeschaltet.
Er Und ich müh mich hier ab, mit … Strawinsky.
Sie Und Mozart. Und Carl Maria von Weber.
Er Und Wagner Richard. – Ein ausgezeichneter Komponist! …
Sie Ich weiß.
Er Wenn auch nicht unumstritten.
Sie Nicht bei mir!
Er Sie verstehn was – jetzt könnt ma uns gut unterhalten.
Sie Sie verstehn auch allerhand.
Er Ohne Musik könnt ich nicht leben. Mein Lebenselexier!
Sie Das wärs gewesen! Aber zu spät.
Er Zu spät für ohne Musik?

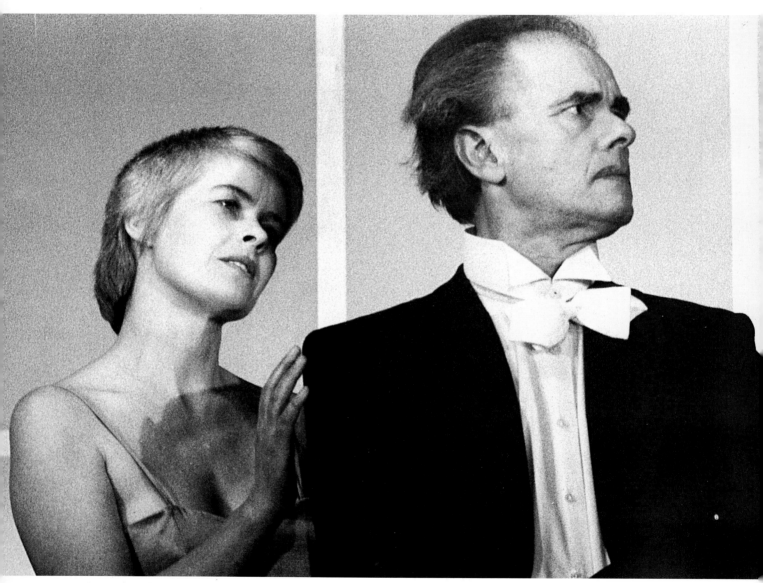

Mit der schönen Anette Spola in ›Salome‹ von Oscar Wilde (1983)

Mit Fagott im Orchester sitzen und ab und zu eine paar Töne blasen — dazwischen vor sich hin reden.

D'Musi is guad zum Danzn.
Zum Sterbn und zum Heiratn.
D'Musi is guad, wenn ma se füacht im Dunkln.

Aba *de* Musi wo ma se im Konzert
soi zruckloant und dAugn
zuamacht, de glab i net,
und beweisn kon mas a neamads.

Wenn man ein Klavier fallen läßt hört man Töne

Über Literatur: Der alte Nasenzwerg hat den jungen Nasenzwerg gefangen, indem er ihm ein Lasso so raffiniert um die Nase geworfen hatte, daß dieser nicht mehr entrinnen konnte.

Dieser Satz soll uns als Beispiel dienen. Nehmen wir einmal an, ein Schriftsteller hätte ihn geschrieben, und es handelte sich folglich um Kunst, bei diesem Satz. So fragen wir uns mit Recht, wo ist die Kunst in diesem Satz? So weit, so Scherz. Aber lassen Sie mich mit großem Ernst weiterfahren, meine Damen. Und Herren. – In der Erfindung dieser Geschichte, dieser kargen Handlung, kann nicht alle Kunst liegen.

Bitte erinnern Sie sich, meine Damen und Herren. Der alte Nasenzwerg hat den jungen Nasenzwerg gefangen, indem er ihm ein Lasso so raffiniert um die Nase geworfen hatte, daß dieser nicht mehr entrinnen konnte.

Die Kargheit dieser Fabel kann unmöglich genügen, um Literatur genannt zu werden. Ja. *Wie* es geschrieben ist, wird nun mancher sagen, das ist die Literatur daran. Aber bitte, meine Damen und Herren, wie ist es denn geschrieben: Der alte Nasenzwerg hat den jungen Nasenzwerg gefangen, indem er ihm ein Lasso so raffiniert um die Nase geworfen hatte, daß dieser nicht mehr entrinnen konnte.

Das ist weder besonders elegant, noch kraftvoll, weder ist es wichtig für uns Menschen von heute, noch für uns Menschen von gestern. Besonders witzig ist es auch nicht. Bitte erinnern Sie sich: ... Nasenzwerg ... Lasso so ... Nase ... entrinnen. – Gewiß, man kann nicht sagen, daß es kein völlig ungewöhnlicher Text sei. Aber – reicht das? Nein. Auch wenn ich Ihnen an dieser Stelle verrate, daß der Satz von mir selbst ist. – Aber nehmen wir ruhig weiter an, es hätte ihn ein Schriftsteller geschrieben – da es sich ja um ein Beispiel handelt – und es würde sich dabei um Literatur handeln. Bleiben wir also dabei: Der alte Nasenzwerg hat den jungen Nasenzwerg gefangen, indem er ihm ein Lasso so raffiniert um die Nase geworfen hatte, daß dieser nicht mehr entrinnen konnte.

Wo ist hier die Literatur? Meine Damen und Herren. Wenn ein Metzger einen Ochsen schlachtet – wo ist die Metzgerei. Im (toten) Ochsen? Gewiß nicht. In der Kundschaft, die den Ochsen frißt? Auch nicht. Auch nicht im Fachblatt »Die Metzgerrose« und nicht im Metzgermesser. Die Metzgerei ist da, indem der Metzger den Ochsen schlachtet. Genauso ist es damit, daß ich den Satz »der alte Nasenzwerg hat den jungen Nasenzwerg gefangen, indem er ihm ein Lasso so raffiniert um die Nase geworfen hatte, daß dieser nicht mehr entrinnen konnte« geschrieben habe. Da liegt die Kunst. Aber sie aufzuheben vermag keiner, wir müssen sie liegenlassen.

Lassen Sie mich zum Abschluß Ihnen noch kurz erzählen, daß der junge Nasenzwerg wahrscheinlich gerade Katarrh hatte, und daß sich dadurch das Lasso so fest um seine aufgeweichte Nase herumlegte, daß an ein Entrinnen nicht mehr gedacht werden konnte. Der alte Zwerg hat diese schnöde Tat ganz ohne Grund begangen, und wir sollten ihm deshalb keinen Vorwurf machen. Der Maulwurf, der in dieser Geschichte nicht erwähnt wird, war auch in Wirklichkeit in diese Lasso-Geschichte nicht verwickelt. Auch alle anderen Vermutungen sind aus der Luft gegriffen und ohne Bedeutung. Bedeutend ist nur der Urtext, den ich Ihnen hier – jedoch nicht noch einmal vortragen möchte.

Das handliche Buch

Er liest in einem dünnen Buch. Sie schaut von hinten hinein.

Sie Schön gell. Wie das geschrieben ist. So leichtfüßig.

Er Schau ma net hint nei.

Sie Ich les da schon nix weg. Ich hab nur gsagt, daß des sehr leichtfüßig geschrieben ist.

Er Flüssig! Sehr flüssig eher, würde ich sagen. – Füßig, wie du sagst, kann es nicht geschrieben sein. – Eher handlich, würde ich sagen. Leicht – handlich, leicht handelbar.

Sie Man sagt aber so. Leichtfüßig. Z. B. … no … z. B. z. B. …

Er Der Greis hinkte leichfüßig davon.

Sie Nein. Ich meine leichtfüßig. Eine leichtfüßige Handlung.

Er Eine leicht-sinnige Handlung, net. Wenn eine Handlung zwar nicht unsinnig ist, aber doch auch nicht sinnig, dann sagt man …

Sie Geh geh. Kein Mensch sagt das. Dann liest eben allein weiter …

Er Muß ich sowieso.

Sie Wenn du nicht verstehst – was leichtfüßig Geschriebenes …

Er Ich verstehe besser flüssig Geschriebenes. Und das ist flüssig geschrieben. Schau! Das liest sich so … unstockend. – Fließend. Und des Buch ist so handlich.

Sie Das schon. Es ist ja auch sehr dünn.

Er Sehr. Aber es sind doch genügend Bilder drin. Da … da … und schon wieder eines. Da.

Sie Ja ja. Ich kenne Bilder. Ich habe schon genügend gesehen in mein Leben.

Er Ich net. Ich kann nie genug sehn.

Sie Die hast jetzt bestimmt schon hundertmal angschaut. Das sind doch immer die gleichen.

Er Das ist ja klar. In jedem Buch sind nur die gleichen Bilder drin. – Aber in einem anderen Buch …

Sie Ich glaub, du schaust nur die Bilder an und liest gar nicht.

Er Doch doch. Über die Schrift husche ich so drüber, weißt. Und an den Bildern bleibe ich haften.

Sie So kann man natürlich leicht-flüssig lesen.

Er Natürlich. *Er reißt ein Blatt heraus, zerknüllt es* Die Seite habe ich gelesen.

Sie Ganz? Sag, hast du die auch wirklich gelesen? Sonst wärs nämlich schad drum. *Sie hebt den Knäuel auf und zupft daran.*

Er Von A bis Z. – Laß beinand. *Er reißt und knüllt wieder ein Blatt.* Siehst, so spart man sich die Bücherstellage. – Diese Staubfänger. *Er wirft den Knäuel ins Eck.*

Sie Aber aufräumen tust das selber.

ER Zusammen. Wenn ich das ganze Buch gelesen ... oder besser gesagt, geknüllt habe. *Er knüllt wieder eine Seite.* Das ist ein Knüller! *Er knüllt.*
SIE Ich geh in die Küch.
ER Was gibtsn heut mittag?
SIE Einen Fasan hätts geben sollen. Aber ich weiß nicht, wie der geht.
ER Dann schaust im Kochbuch nach.
SIE Das ist doch nicht mehr da.
ER Ach so.

Mit Gerhard Polt in ›Fast wia im richtigen Leben‹ (1980)

Beleuchtungsproblem

Sie Was derfsn sein?
Er A Fünfundzwanziger.
Sie So so, a Fünfazwanzger.
Er Klar!
Sie Natürlich.
Er Nicht natürlich. Klar, mein ich. Eine klare Fünfazwanzger.
Sie Eine klare Fünfundzwanziger. Klar?
Er Natürlich.
Sie Klar? Das will heute kein Mensch mehr. Es gibt nur noch matt.
Er Klar! *Auch im Sinne von selbstverständlich* Eine klare Birne – ist viel schöner. Da sieht man die Dräht ... und das Licht ist viel ...
Sie Klar wird überhaupt nicht mehr verlangt. Lassen S' Ihnen was sagen. Des ist viel besser für die Augen. Des blendet nicht so – matt.
Er Matt wäre besser als klar. – Das möchtn Sie mir klarmachen – weismachen. Ich finde matt scheußlich! Jeder anständige Mensch wird mir recht geben, daß klar schöner ist als matt!
Sie Da brauchn S' mich nicht so anschrein. Mein Sortiment richtet sich nach dem Publikumsgeschmack. Und den Leuten gefällt eben matt besser als klar.
Er Daran sieht ma wieder, was das Publikum für einen Geschmack hat.
Sie Nur Sie ham den guten.
Er Klar. *Wie selbstverständlich*
Sie Also, was kann ich dann für Sie tun?
Er Eigentlich nichts dann. – Also gut! Gebn S' mir eine – Vierziger, matt, traurig.
Sie Eine Vierziger, matt, traurig. *Im selben Geschäftston weiter* Vorhin wollten S' eine Fünfundzwanziger.
Er Klar. Je matter desto höher.
Sie *schaut ihn verständnislos an.*
Er Desto größer die ... Mätte, umso höher die – Watte. – Verstehen S'? – Das Licht muß ja durchkommen zu mir.

SIE *dumm, eingebildet* Wo viel Licht ist, ist viel Schatten.
ER Richtig! Drum sollte man sein Licht nicht unter den Scheffel stellen.
SIE Ha?
ER Da wirfts zuviel Schatten. – So deckt ein Sprichwort das andere.
SIE Ja, Sprichwörter. Einsfünfzig.
ER S' Duzznd?
SIE *legt ihm die Birne nochmal hin.* Einsfünfzig.
ER *zieht die Birne heraus.* Einsfünfzig. Ein bitterer Tropfen. Matt. *Er zahlt*
SIE Sie sind eben nicht allein auf der Welt.
ER Leider. Sonst hätt ich jetzt eine klare Birne.
SIE Gar keine hättn S'!
ER Schon möglich. Aber auf keinen Fall hätt ich eine matte. *Er geht*
SIE Bitte, wenn Ihnen des lieber ist – auf gar keinen Fall.
ER Ja! Is ma lieber! *Geht ganz ab.*

Mit Jörg Hube in ›Stan und Ollie in Deutschland‹ von Urs Widmer (1980)

Spießer sind Leute, die behalten wollen, was sie ererbt haben.

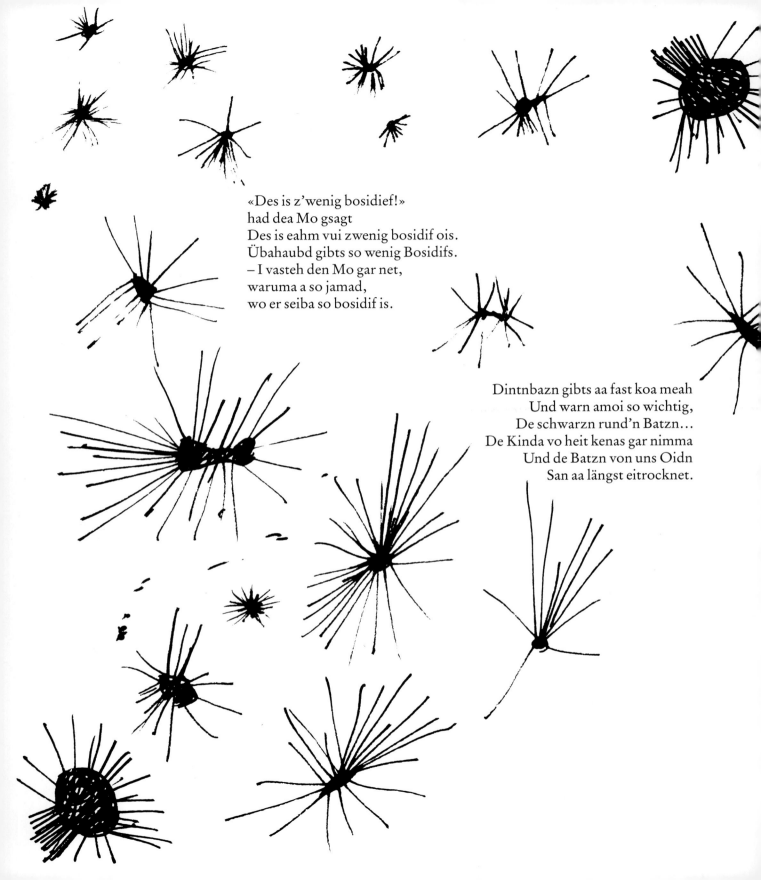

«Des is z'wenig bosidief!»
had dea Mo gsagt
Des is eahm vui zwenig bosidif ois.
Übahaubd gibts so wenig Bosidifs.
– I vasteh den Mo gar net,
waruma a so jamad,
wo er seiba so bosidif is.

Dintnbazn gibts aa fast koa meah
Und warn amoi so wichtig,
De schwarzn rund'n Batzn…
De Kinda vo heit kenas gar nimma
Und de Batzn von uns Oidn
San aa längst eitrocknet.

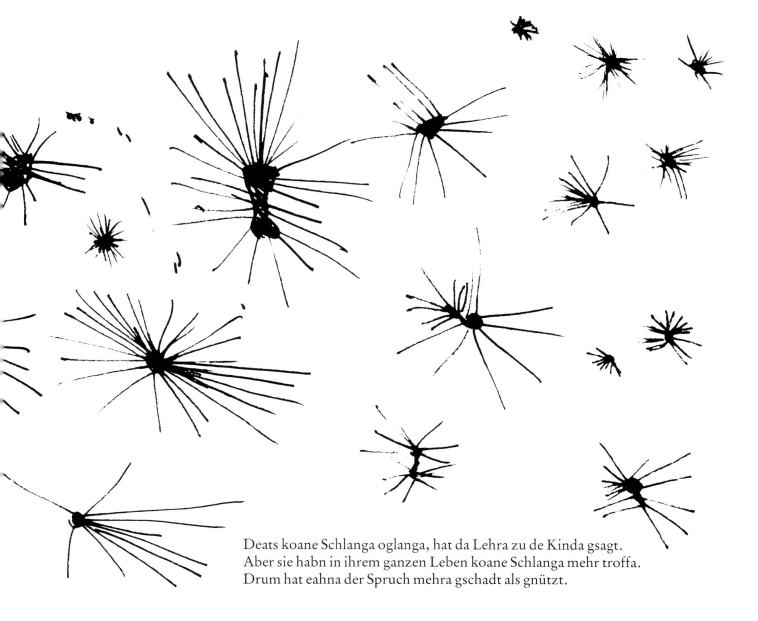

Deats koane Schlanga oglanga, hat da Lehra zu de Kinda gsagt.
Aber sie habn in ihrem ganzen Leben koane Schlanga mehr troffa.
Drum hat eahna der Spruch mehra gschadt als gnützt.

A Denk Steier gheart her!
Na hearat ses glei auf.
De Extrawürscht wo se
De Filasofn bratn und de alle.

Ois is vasteiat! Blos de,
De derfatn umasunst denka.
Da warn ja mia andan de Deppn.

Krokadui-Fanga, des is a Sach
füa Fachleit.
Wenn unsaoans a Krokadui fanga woit
Mir langatn eahm glatt aus Versehen ins
Mei nei.
Da dat sich des Krokadui schönstns beschwern.

Sich eines Toten zu erinnern

Sich eines Toten zu erinnern: sein Gesicht wie im Traum zu sehen, seine Hände, seinen Gang; seiner Stimme nachzuhören wie einem verklungenen Ton; seiner Worte, seiner Gedanken, seiner Neigungen und den Bekundungen seines Abscheus wieder teilhaftig werden zu wollen, so wie sie sich einstmals als Äußerungen des Lebenden ergaben; – Erinnerung, ob sie uns zustößt, ob wir sie bewußt herbeizwingen wollen, wird immer fragmentarisch bleiben.
Er sah mich an, einen fragenden Ausdruck in seinen großen, dunklen Augen, ich soufflierte ihm ein Stichwort. Anette sprang auf die Bühne. Er sah an mir vorbei, neigte sich nach vorne. Wir konnten ihn gerade noch auffangen. Da lag er auf dem Bühnenboden des TamS, ein Entrückter. Keiner von uns hätte es gewagt, in den nächsten Tagen von dem zu reden, woran wir alle gedacht hatten: vom Abbrechen der Proben, vom Aufgeben.
Ins Sprungtuch wird nicht gesprungen wurde aufgeführt, und Philip kostete bei der Premierenfeier vom Fisch, den er so gerne aß, und erlaubte sich einen Schluck Wein. Das Stück handelte vom Widerstand kleiner Leute gegen die Übermacht reicher Bauherren, die sie aus ihrer Wohnung vertreiben.
Philip war ein durch und durch musischer Mensch. Wenn ich mir seine Sensibilität ins Gedächtnis rufe, seine stille noble Erscheinung, sein alle Gewalttätigkeit zutiefst verabscheuendes Wesen, dann will mir ein Wort wie Kämpfer nicht zu ihm passen. Er war tapfer. Welche dubiosen Inhalte man diesem Wort auch immer unterjubeln mag, ich weiß, was ich davon zu halten habe, wenn ich an Philip denke. Er hat immer wieder Neues im Sinn und vor den Augen gehabt. Er hat sich gegen alles gewehrt, was ihm der Selbstaufgabe, der Zurücknahme des Lebenswillens verdächtig schien.
Die Wahrnehmung und die Ausübung von Kunst bestimmten sein Leben. Einmal erzählte er mir, daß er sich eine Schallplatte gekauft habe, sagte es mir mit wenigen Worten, aber in seiner Stimme war dabei eine Lebendigkeit, als redete er von einem erotischen Erlebnis. Ach, wäre er doch noch am Leben.

Otto Grünmandl

Wenn Philip heftig lachen mußte, grenzte auch dieses Lachen an Schmerz. Sein zarter Körper spannte und bog sich unter der Atemnot. Seine hellen, geweiteten Augen suchten, während die Lachsalven ihn schüttelten, immer wieder die Augen des Gegenübers, als wolle er aus ihnen herauslesen, ob auch den anderen dieses fassungslose Staunen, diese lachen machende Ohnmacht, angesichts all der Dummheit, der dreisten Lüge, der gnadenlosen, falschen Würde plage.

Ihn selbst sah ich nie würdelos. Die Ahnung um den Verlust, das Wissen um die Vergänglichkeit ließen kein Pathos zu. In der ausgelassensten Probensituation, in der verwegensten Spiellaune besaß er die Kraft der Leichtigkeit, den Gestus des schwerelos Vorläufigen.

Ihm war die Form wichtig, und er kämpfte um sie. Aber weil er das Publikum miteinbezog in sein Spiel, wurde die Form nie starres Ritual. Er reagierte auf die versammelten Menschen. Atmete mit ihnen. Und sie wurden durch ihn lebendig.

Philip war schön. Wie Kinder schön sind. Nicht verformt durch die Ansprüche anderer. Nicht gedemütigt durch ihre Macht. Verletzt durch ihre Gewalttaten. Traurig über ihre Zerstörungen. Aber nicht verhärtet. Nicht verpanzert. Er liebte das Schöne und nahm es wahr. In den Menschen, in der Natur, im Detail eines Bühnenrequisites, in der Rosette des Straßburger Münsters. Voll Ehrfurcht und voller Dank stand er vor der Fassade dieses Baus, dem Symbol der Himmelfahrt der erlösten Seelen.

Freude, Trauer, Schmerz. Alles war an seinem Körper ablesbar. Während den Aufnahmen zu dem Hörspiel «Stan und Ollie in Deutschland» von Urs Widmer rief er mich gegen fünf Uhr morgens im Hotel in Baden-Baden an und bat mich in sein Zimmer hinüberzukommen. Er hatte das Abendessen nicht vertragen und sich heftig übergeben müssen. In einem Auge war ein Äderchen geplatzt, der Augapfel war blutunterlaufen. Philip hatte Angst. Während ich nach dem Arzt telefonierte, huschte ein Lächeln über sein blasses Gesicht, und er meinte, darauf habe er seit seiner Kindheit gewartet. Endlich, endlich habe er etwas von sich geben können.

In all seiner Not hatte er die Erlösung gefunden.

Jörg Hube

Mit den Bayern habe ich immer meine Mühe gehabt. Noch die erfreulichsten schienen stets auch so etwas wie Mörder sein zu können. Wieviele habe ich getroffen – sogar begnadet Begabte –, die keine Spaghetti aßen, Rotwein ausspuckten und Menschen, die sich mit Weißwürsten nicht auskannten, verachteten.

Der einzige Bayer, der ganz anders war, war Philip Arp. (Ich schweige von den Frauen: Bayer*innen* scheint es nicht zu geben). Dabei war auch er lokalpatriotisch bis zum Gehtnichtmehr: aber ohne Gewalt. Man *durfte* woandersher sein. Er sprach das leiseste Bayrisch, das ich je gehört habe.

Ich lernte ihn kennen, als er mit Jörg Hube zusammen *Nepal* spielte, in den Kammerspielen. Es war Liebe auf den ersten Blick. Liebe auf den ersten Blick, wenn sie zwischen Schauspielern und Autoren stattfindet, zeugt sehr leicht ein Stück. In diesem Fall hieß es *Stan und Ollie in Deutschland* und wurde zuerst ein Hörspiel – kein schlechtes –; aber zu sich selbst gekommen ist es erst auf der Bühne. Ich kam dabei zu meiner ersten Regie, die darin bestand, mit wilden Sprüngen den tollen Einfällen Jörg Hubes auszuweichen und nebenbei zu verhindern, daß er in seiner Begeisterung den armen Philip arbeitsunfähig küßte. Es waren schöne Tage. Herr, gib uns mehr Theater wie das TamS und mehr Intendanten wie Anette Spola. Was wäre aus Philip Arp in einem deutschen Subventionshaus geworden?! Es *muß* Gründe dafür geben, daß auch die begabtesten Peymanns und Flimms und Neuenfels', wenn sie nur lange genug in diesen Riesenbunkern arbeiten, uns hie und da an Helmut Kohl erinnern, bestenfalls an Genscher.

Wenn er auf der Bühne stand, wirkte Philip so zerbrechlich, daß man zitternd betete, er möge das Ende des Abends lebend erreichen.

Dabei übersah man allerdings, daß er auch ein Profi war, der über seine Mittel sicher verfügte, zäh und energievoll. Nur war ihm nie – alles klar? – alles klar. Spät nachts dann, nachdem er den Abend überlebt hatte, konnte man ihn in wilden Kaschemmen antreffen, wo er den Lauten und Gewalttätigen so mühelos Paroli bot, daß ich dachte, vielleicht ist er doch auch so einer, Dr. Jekyll und Mister Hyde.

Ich hätte ihn gern als Priester im *Neuen Noah* gehabt. Aber da war alles schon zu spät. – Kürzlich fuhr ich im Auto, weit weg im Süden, und fummelte am Radio herum, und plötzlich höre ich aus heiterem Äther Philips Stimme. Es waren ein paar von seinen Valentinaden, aus einem fernen Bayern zu mir verweht, und ich hatte das Gefühl, er spricht direkt aus seinem Himmel, in dem er jetzt ist, einsam wie Stan. Nur er und Gott, und eventuell immer noch Adenauer. Ich wünschte – und wünsche ihm immer noch – einen Ollie, mit dem er ein bißchen Musik machen kann, leise reden, und hie und da ein Glas Nektar trinken und ein Ambrosia essen: auch wenn ihm ein Bier und Weißwürste besser schmeckten.

Urs Widmer

Philip Arp hieß Hermann, als ich ihn kennenlernte.
Hermann saß in sich versunken, es wahr wohl so um 1951 herum, an einem großen Tisch, inmitten einer 20köpfigen Gruppe, die an einer Konzentrationsübung teilnahm. Der leitende Professor hatte zuvor die Technik des In-sich-Versenkens beschrieben, war schon ganz in sich verschwunden, während wir mit äußerster Anstrengung es ihm gleich tun wollten, da lachte Hermann los. Hemmungslos, unaufhaltsam. Es schüttelte ihn. Und dazwischen stieß er immer nur heraus: »So ein Schmarrn!«
Der Professor war zurückgekehrt von seiner Reise, er starrte Hermann verständnislos an, schaute hilflos in die Runde, wußte wohl nicht, was hier geschehen war. Er, der anerkannte Meister der Meditation, der Anthroposoph, der Mystiker und verehrte Meister der Bühnenkunst fühlte sich ausgelacht. Oder handelte es sich um eine Art von Rebellion?
Wir anderen saßen wie vom Blitz getroffen auf unseren Stühlen, starrten Hermann an, den die Wirkung seines Ausbruchs gar nicht zu rühren schien. Und als er in die Runde sah, unsere Gesichter, unsere offenen Münder, beutelte ihn das Lachen noch einmal. Und dann: »Machts weiter! Meditierts! I kann des net.« Und dann in dezidiertem Hochdeutsch: »Üch kann das nücht!«
Inzwischen hatte sich der Professor wieder gefangen. Noch immer blaß, aber bereits wieder gefaßt, war in ihm sichtlich der Entschluß gereift, den Vorfall zu bagatellisieren.
Er wußte zu gut, daß wir alle, ungeübt und schlecht überzeugt, ihn und uns belogen hatten, daß wir nicht meditierten, sondern das Meditieren outrierten und er wiederum gar nicht die Absicht hatte, uns über die Vergeblichkeit unseres Bemühens aufzuklären. Es war einfach ein Schwindel, und Hermann, der zum ersten Mal dabei war, hatte es durchschaut. Von dem Tage an war Hermann Luft für den Professor. Hermann hat viel gelernt bei diesem Vorfall. Er hat sich bis zu seinem Lebensende immer so verhalten.

Dieter Hildebrandt

Wahrscheinlich werden sie dem Philip Arp eine Straße widmen. Möglichst weit weg von Schwabing, jedenfalls dort, wo er nie gelebt hat und es auch niemals vorgehabt hat, jemals zu leben. Die Straße wird gut befahrbar sein, und die Außenwände der Häuser werden direkt und lückenlos an den asphaltierten Bürgersteig anschließen, so daß kein Grashalm eine Lücke finden wird und zwischen den geklinkerten Hauswänden und dem direkt sich anschließenden Teer heraussprießen oder hervorlugen kann.
Der Klinker, der den Hauswänden sein Gesicht gibt, ist metallic poliert, aber matt, um nichts widerzuspiegeln; spiegelte er jedoch, so würde er die Hauswand der gegenüberliegenden Hauswand widerspiegeln, welche aus Klinker ist und metallic verspiegelt, um die gegenüberliegende Hauswand nicht widerzuspiegeln. Sie haben dann das Schild »Philip-Arp-Straße« an den Klinker angebracht, oder besser – sie haben es hingeschraubt.
An diesem Klinker hängt dann der Name Philip Arp. Ich sehe den Namen Philip Arp, des Nachts, weil das Neonlicht von dem sauberen glatt asphaltierten Bürgersteig reflektiert wird, und durch das Licht einer in der Nähe liegenden Lagerhalle reflektiert wird. Wenn ich einen Anwohner der Philip-Arp-Straße frage: »Bitte, wo wohnen Sie?« wird er mir antworten: »in der Philip-Arp-Straße 14, direkt da vorne an der Ecke der ich weiß nicht wie die andere Straße heißt, fragen Sie doch irgendwen.« Ich sage dann: »Danke« oder »Vielen Dank, sehr freundlich!«

Gerhard Polt

BERNHARD LESAING · RECIT PHOTOGRAPHIQUE
avril – octobre 1987

Je n'ai jamais connu Philip Arp, mais dès que je suis arrivé à Munich pour la première fois et accueilli au Tams par Anette Spola et Christina Polt, j'ai tout de suite senti que j'allais vivre une aventure photographique qui allait bouleverser mon regard et enrichir mon imaginaire sur l'Allemagne.

Je garderai toujours en mémoire, mon émotion en pénétrant au 35 de la Feilitzschstraße, et l'odeur discrète émanant de cet escalier ciré, si bien entretenu.

J'ai pu m'attarder dans sa bibliothèque, écouter sa musique, me préparer un thé ou découvrir, à travers les rideaux de ses fenêtres, le Jardin anglais, au fil des saisons et pendant de longs moments.

Ma rencontre avec son appartement, celui de sa compagne et avec leur théâtre m'a permis de saisir des moments de leur vie, si riches, si entiers, si propices à la création, à la réflexion et à l'amitié mais aussi à la maladie, à la souffrance et à la mort.

J'ai connu un peu Philip Arp et moi aussi je l'ai aimé.

Seiten 185-201: Philip Arps Wohnung
Seiten 202 und 203: Anette Spolas Wohnung
Seiten 204-209: TamS-Theater
Seite 206: Eberhard Kürn und Anette Spola
Seite 208: Bei der Arbeit an diesem Buch mit Eberhard Kürn
Anette Spola, Christine Polt,
Rudolf Vogel und Bernhard Lesaing

Hiermit gebe ich nichts bekannt.

Philipp Arp

Näheres im Theater am Sozialamt

Die Sendlinger Begabung

HANSI Babba, ich möcht aa Klavierspuin lerna, wia da Moritz.
ER Wie stellts da denn des vor? Mir ham ja kein Klavier. Und so an Drehstuhl braucht ma aa dazu.
HANSI Ja den braucht ma dazua.
ER Da Drehstuhl wär as wenigste. Den könnt ich vielleicht kriegen...
HANSI Beim Moritz war auch zuerst der Klavierstuhl da. Dann hat er eines Tages ein Klavier kriegt.
ER Aber ob unser Drehstuhl auch ein Klavier kriegt?
HANSI Und dann könnt ich mit dem Drehstuhl schon einmal üben.
ER Aber ohne Klavier! Was willstn da übn. Da kannst ja net einmal einen Driller spielen. Geschweige einen Dreiklang...
HANSI Da druckt ma auf die Tastn, mit alle Finger...
ER Ich kann dir ja keins kaufen, schau. So viel ham mir nicht übrig. Da Mutter ihr Mantel – der neue Herd, hat alles verschlungen.
HANSI Ich hab einmal in an Film in an Circus an Clown gsehn, der hat sich ein Klavier gemalt, auf a großes Papier, dann hat er drauf gespielt, und des ist fei gegangen.
ER Ja in einem Circus, der wo in einem Film ist, da geht sowas. Aber in einem echten Circus, da tät er sich scho schwerer. – Aber da täts vielleicht aa no geh. Vielleicht! Aber in einem echten Wohnzimmer, ohne Film, da –
HANSI Und am Schluß hat er das Klavier zrissn und hat mit de Fetzen weitergespielt.
ER Da siegst den Schwindel. Er zreißts, und es geht immer no. In einem echten Circus... oder in einem echten Wohnzimmer ist sowas... sowas... unmöglich.
HANSI Aber da Moritz...
ER Und dann die Begabung?
HANSI Als Klavierspieler hat man fei gute Chancen...

Er Wer sagt denn dir, daß du begabt bist? – Des weiß ma ja nicht, schau. Ich weiß heute noch nicht, ob ich begabt bin. Werde es wahrscheinlich auch nie erfahren. Weil ma in unseren Kreisen… weil in unseren Kreisen kein Klavier da ist. Ererbt, wos woasn i? Mir hättn gar kein Platz. Was weiß ich? Vielleicht wär ich eine unheimliche Begabung gewesen, und da ander spielt im Konzert, mit seim Frack, da klatschns alle, und ist eine mindere Begabung. Und er – spielt – Schoppe, Mendelsohn etcätera – und i, geh in mei Arwat…

Hansi Und ich wär vielleicht noch eine viel unheimlichere Begabung als du – und der.

Er Ja Hansi! Vielleicht die allergrößte der Welt. *Weint*

Hansi Meinst Babba!

Er Wer weiß. Ohne Klavier nützt des alles nix. *Weint*

Hansi Da brauchst doch net weinen Babba. – Begabung setzt sich durch, hat unser Lehrer gsagt.

Er Schon schon. Aber ohne Klavier.

Hansi Wemm ma an Moritz des Klavier…

Er Na na. – Du kriegst auf jeden Fall – den Drehstuhl! Und dann – kriegst a Gitarr! Dann kannst a Gitarrspieler wern.

Hansi Ich wär aber lieber a Klavierspieler worn.

Er Vom Gitarrspieler, mit an Drehstuhl, is nimmer so weit, zum Klavierspieler. – Gell, Hansi!

Hansi Ja, Babba.

Die Bissigen Hunde

HANSI *von Anette gespielt* In a Wiesn derf ma net neilaffa, gei Babba.
ER Des kommt drauf an. Wenn das Betreten dieser Wiese verboten ist, dann nicht. – Wenn aber das Betreten der Wiese erwünscht ist, dann soll man sogar neilaffa.
HANSI Aber so ein Schild hab ich noch nie gsehn.
ER Ja ja. – Weil ich noch keine Wiese hab. Und außer mir ist noch keiner draufgekommen, weißt, daß er so ein Schild hinmachen könnt.
HANSI Von dene, die wo eine Wiese ham.
ER Vielleicht hams a kein Humor die Leut. Auch möglich. – Und die andern ham koa Wiesn.
HANSI Aber du hast doch auch einen, Babba.
ER Schon. Aber keine Wiese. – Dabei wär er mit Wiese viel leichter zum habn.
HANSI Warum, Babba?
ER Da könnt ma ihn net bloß denken, da könnt man' sogar machen. Verstehst! Mit einem Schild, verstehst.
HANSI Ja. Das Betreten dieser Wiese ist erwünscht. – Ich könnt des leicht malen für dich.
ER Für dich auch! Für alle. So einfach wär des. – Aber ohne Wiese – ist es so schwer.
HANSI …A Brettl. Und an Pfostn einhaun…
ER Fast unmöglich. Für unsereins. Dieser Humor.
HANSI Und draufschreibn: Das Betreten der Wiese –
ER Da vergeht er ein fast. *Weint*
HANSI Jetzt wein doch net schon wieder, Babba. Immer wennst von dein Humor anfangst, weinst dann.
ER *weint* Ohne Wiese … Nicht einmal soviel Wiese, daß man des Schild aufstelln könnt…
HANSI Geh Babba! – Schau da is a Brettl – und da nimm i den Ast a so! *Klopft das Brett an den Pfosten, schreibt* Das Betreten dieser Wiese ist erwünscht.
ER Nein, Bub. De ham doch kein Humor, schau. Des gibt bloß an rechtn Streit. *Er reißt das Schild wieder herunter* Kumm! *Ein Hund bellt. Er kommt zurück, schreibt auf das Schild: Vorsicht bissige Hunde. Hängt es an den Pfosten. Ab.*
HANSI De ham aa kein Humor, gell Babba.

Mädi

MÄDI *wirft eine Illustrierte nach der anderen in die Ecke* Ah!..... Geh!...... Ahhh.....
BABA Was hast denn: Wenn dir was net paßt, dann gehst in dein Zimmer!
MÄDI Da Otti – weißt schon, der, der wo mir den Lehmklumpen ans Ohr gschmissn hat.
BABA Ja und? Was is mit dem? Den Burschn warn ich! Sag ihm des ruhig, gell, ich warne ihn!
MÄDI *wirft wieder eine Illustrierte in die Ecke* Ah!......
BABA Da können doch die Illustrierten nix dafür.
MÄDI Da stehts drin: Meine Eltern sind Spießbürger.
BABA Zeig her!!
MÄDI Hat der Otti gsagt.
BABA Da Otti, da Otti, da Otti!!
MÄDI Werd doch net wieder wuid, Baba. *Weinerlich* Da! Bloß wegen meiner Schulmappe! Wegen dem Überzug.
BABA Was meinst denn, da sieht man doch jeden Kratzer auf dem feinen Leder, und dazu der feine schwarze Anstrich.
MÄDI Wahr is schon! A so hat man gar nichts vom Leder, wenn immer die Plastikhaut drüber ist. – Und wegen dem Leder hab ich sie doch schließlich gekriegt, Weihnachten!
BABA Hat da Otti wieder gsagt! – Wahrscheinlich möcht dir der gern a paar Kratzer neimacha in den feinen Anstrich. – Sei doch froh, daß der Überzug drüber ist. Eines Tages gehst her, ziehst ihn ab – so – schau her! – und dann hast eine nagelneue Tasche! Da!!
MÄDI Ja aber wann soll i des macha?
BABA Ja. – Wann soll ma sowas macha?...An deinem Geburtstag, – oder nächstes Weihnachten könntst es machen! Wenn d'Mamma einverstanden is.
MÄDI Du hast doch bei deiner Taschn auchs Leder nach außen.
BABA Ich muß aa in Betrieb damit zu dene gscheertn Rammeln. Was meinstn, wie die lacha tätn wenn ich mit einem Überzug daher komm. – Früher hat man überall Überzüge ghabt: über die Möbel, übers Klavier!
MÄDI Mir ham doch gar kein Klavier!

BABA Ebn. Es gibt Leute, die tun übers Auto was drüber, über Nacht. – Genau genommen gehörte über die ganze Welt was drüber, daß gschont ist besser.
MÄDI Ein Raketenschirm, gell.
BABA A Schirm ja, geht auch, bei Regen, damit man net naß wird.
MÄDI Und damit die Spießer keine nassen Füße bekommen – tät der Otti sagen! Von die Raketn.
BABA Schmarrn! Zeig einmal die Illustrierte. Geiseljet hat aufgegeben. – Über jeden Flugpassagier gehört ein durchsichtiger Überzug, aus dem er erst wieder rausgelassen wird nach der Landung. Das wärs! Das werd ich einmal vorschlagn, dene Herren.

No a Trum meah!
Hatsn no Blots?
Wemma des da da nüwa
und des da rüwa dean,
des Kastal aufn Kastn,
wenns naufgeht,
und dNähmaschin in Speicha,
du nähst a so nia,
dann kannts geh.

Wenns oan beim Glaviaschbuin friart,
und man hat koan Ofa,
dann kon ma natürle schos Glawia ozündn.
Aba lang komma dann aa nimma schbuin,
weil wenn zwischn de Tasdn de Flammen rauszingeln
na brennd ma se in d Finga.
Und des duad wäh.
Und mid so an Schmeaz an Drilla schbuin,
des machst ma amoi vor.

Was, i näh nia!
I dat nia nähn!
Wo i allawei näh.
Bettdüacha und deine Hemdn,
oiso eahm schaugts o.
I dat nia nähn

I habs ja gsagt.
No a Trum meah.
Dann gehts ebn net.

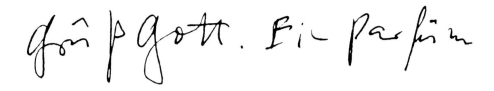

Er Grüß Gott. Ein Parfüm.
Sie Da gibts viele. Was für eins solls denn sein? Ist es für ein junges Mädchen? Veilchen vielleicht.
Er A rotes.
Sie Die Farbe ist für den Geruch nicht von Bedeutung. Ein grünes riecht genauso wie ein rotes.
Er Aber ich möcht ein rotes – Da! So wie in diesem Flascherl! Das ist doch ein Parfüm.
Sie Die Färbung liegt an der Marke.
Er Sehn S', die Farbe verändert sogar die Marke. Und Sie tätn sagn, es ist ohne Bedeutung.
Sie Aber der Geruch hängt davon nicht ab.
Er Und da. Eine ganze Vitrine mit grüne Flascherl. Tun S'ma einmal ein solches her bitte.
Sie Bitte!
Er *riecht* Ah. – Ah. – Aha. Und jetzt einmal ein rots bitte! *Riecht* Aha! Hab ich mir doch gedacht. – Veilchen! – Kann ich meinem Mädi doch nicht anbieten, die lacht mich aus. Rose! – Oriental –!
Sie Das ist aber sehr teuer, wenn es echt sein soll.
Er Ja! Natürlich. Wo denken Sie hin. Sie ist es auch wert. Sie wird heute 16. Da ist es Zeit für ein ordentliches Parfüm, finden Sie nicht. Ich hab meins mit fünfzehn schon gehabt. Meine Mutter hat a Drogerie gehabt, wissen S', ist aber nichts übrig blieben davon – bei uns fünf Brüder. In der Schul hats manchmal so gestunken, daß ma schulfrei kriegt ham.
Sie Möchten S'jetzt das rote oder des grüne Parfüm?
Er Also gibts es doch! – Die Farbe ist ja nicht so wichtig – gut riechen solls halt und was besonderes solls sein – aus Paris vielleicht – aber keine Veilchen – daran hab ich eine schlechte Erinnerung. Soll ich Ihnen erzählen, wie des gangen ist mit dem Veilchenparfüm?
Sie Nein! Nein!
Er Freilich, warum immer die alte Geschichte aufwärmen ... so schön war die ja auch gar nicht... übel is mir geworden.
Sie Jaja!!

ER Nein nein – nicht so, wie Sie meinen, übel im Kopf! Von dem Veilchengeruch.
SIE Der hört nicht auf!
ER Doch doch – ich hör schon auf.
SIE Ein gutes Parfüm, damit wern Sie bestimmt Eindruck machen bei Ihrer Tochter.
ER Das hoff ich auch. Alles andere hats ja schon. Die Pille. Unterhosn. Thermohose. Turnschuhe. Armreif. Winterbrille. Regenschutzkappe. Lockentüte. Kinnstütze. Eheringe, und was ein Mädchen in ihrem Alter so braucht – halt, wie alt ist sie, hab ich gesagt. 1916 – dann wirds wahrscheinlich ein Rollstuhlwagerl auch schon haben – und Parfüm gar keins mehr brauchen. Dann können S'Ihren Veilchenduft behalten. Was würden der »Oriental« kosten?
SIE *flüstert was*
ER Und was für Farbe?
SIE »Rose oriental« hat einen rötlichen Schimmer.
ER Aber nur an Schimmer. Und der Geruch?
SIE Herb.
ER Herb? Herb! Ein Parfüm, das herb riecht. Nein nein, das können S' selber riechen, bis Sie brechen müssen wie ich damals beim Veilchenparfüm, nein. Jetzt ist es doch heraus.
SIE Gott sei Dank, eher ham Sie ja keine Ruh gegeben.

Im Sprechzimmer eines Arztes

Doktor Der nächste bitte!

Er *kommt herein, in gebückter zusammengerollter Haltung, Hände um den Bauch*

Doktor Grüß Gott, da setzen Sie sich auf den Stuhl.

Er Grüß Ihnen Gott, Herr Doktor.

Doktor Wie heißen Sie? Geboren, Wohnort, Straße, Kasse?

Er Ja … Sparkasse.

Doktor Sie heißen Sparkasse?

Er Nein, ich bin bei der Sparkasse … Ich wohn auch in der Sparkasse.

Doktor So so, Sie wohnen in einer Sparkasse! Ja sagn S'einmal, wie sind S' denn da hineingekommen, durch den engen Schlitz?

Er Nein, ich glaube, Sie verstehen mich falsch. Ich wohne doch in dem Haus, wo die Sparkasse drin ist, die städtische. – In einer anderen Sparkasse – das ginge doch gar nicht, da käme man doch gar nicht hinein.

Doktor Nein nein, natürlich nicht.

Er Außer man würde die Öffnung ein bißchen größer machen, und wenn man sich dann recht dünn machen würde …

Doktor Das hätte doch gar keinen Sinn. Wozu soll man sich denn in eine solche Sparkasse hineinzwängen?

Er Doch doch, das wäre schon praktisch.

Doktor Wieso denn?

Er Ja, da könnte man dann sein Geld schön zählen drinnen.

Doktor Na na. Haben Sie denn überhaupt eine Sparkasse?

Er Nein, eine solche, wo man nicht hinein kann, hab ich nicht, aber in der anderen wohne ich…

Doktor Na also, dann kann es uns ja gleichgültig sein…

Er …Da bin ich nämlich der Unterhausmeister. Und da muß ich jeden Tag für die Goldfische im Brunnenbecken in der großen Schalterhalle die Mehlwürmer…

Doktor Ja ja ja, ist schon recht. Jetzt sagen Sie mir zuerst einmal, warum Sie zu mir gekommen sind, was Ihnen fehlt?

Er Ich heiße Rampf.

Doktor Was meinen Sie?

Er Ich meine, daß ich Rampf heiße.

Doktor Wie kommen Sie denn jetzt auf einmal darauf?

Er Das weiß ich schon längst, daß ich Rampf heiße. Da komm ich nicht jetzt erst darauf. Weil Sie mich gefragt haben, wie ich herein-

gekommen bin, und jetzt habe ich es Ihnen gesagt, daß ich Rampf…
DOKTOR Ja ja richtig, das hätte ich bald vergessen. Rampf *Er schreibt.* Sie haben mich auch ganz durcheinander gebracht mit Ihrer – Sparkasse.
ER Ich? Sie haben doch behauptet, daß man…
DOKTOR Schon gut schon gut, ich will jetzt nichts mehr davon hören! Also lieber Herr Sparkasse…äh…man wird vollkommen verrückt. Also, lieber Herr Rampf. Kommen wir endlich auf den Grund Ihres Besuches. Was fehlt Ihnen denn?
ER Bauchweh!… Das heißt, es fehlt mir nicht, ich habe es zuviel.
DOKTOR So so, dann fehlt ihnen also eigentlich nichts!
ER Ja ja ja, nein nein, doch, es fehlt mir was, nein ich habe es zuviel…Au!…
DOKTOR Aus Ihrem Gestotter wird man ja nicht klug. Wie soll ich Ihnen denn da helfen können?
ER Nein, doch… Jetzt weiß ich es!… Es fehlt mir, daß ich kein Bauchweh habe!! Ja, das fehlt mir.
DOKTOR *räuspert sich* Warum krümmen Sie sich denn die ganze Zeit so zusammen?
ER Wegen dem Bauchweh.
DOKTOR Der Bauch tut Ihnen weh?
ER Nein, das ist es ja. Der tut mir nicht weh, deswegen roll ich mich ja so zusammen. Aber wenn ich mich aufrichten täte, dann täte er mir weh.
DOKTOR Sie haben eine Erkältung. Wärmflasche auf den Bauch legen und fest zudecken!
ER Ich hab ja keine Wärmflasche.
DOKTOR Dann kaufen Sie sich eben eine.
ER Das wollte ich ja, aber ich hab keine richtige gefunden. Die in den Läden die waren mir alle zu kalt. Nicht einmal beim Oberkaufbullinger habns eine warme gehabt.
DOKTOR Na eine warme Wärmflasche bekommen Sie nirgends.
ER Das ist traurig. – Herr Doktor – jetzt is weg. Das Bauchweh.
DOKTOR Na wunderbar. – Jetzt fehlt ihnen also nichts mehr.
ER Doch. Sehn S'Herr Doktor. Jetzt fehlt mir des Bauchweh. – Aber es geht mir nicht ab.

> Hätte es damals die Pille gegeben wäre vielleicht der Erfinder der Pille [gar] nicht auf die Welt gekommen.

Windstille

ER Hallo. Sind Sie net die Frau vom U-Bahnschalter?
SIE Ah Sie sinds. Grüß Gott.
ER Ebenfalls. Wie gehtsn immer druntn.
SIE Immers gleiche. Ab und zu was anderes.
ER So ist es. Abers andere is eben auch immers gleiche. Wenn mas vagleicht.
SIE Eine Neonröhre is neulich rausgfalln.
ER Rausgfalln? Des is was bsonders. Meistens fallns aus.
SIE Aber die ist rausgfalln.
ER Macht auch nix. Sind ja genug drin.
SIE Freilich. Eine fällt gar nicht auf.
ER Außer sie fällt wem nauf. Dann fällts auch nur dem einen auf.
SIE *hört ihm prüfend zu* Ich habe das Gefühl – wenn ich Sie so redn hör – Sie werdn immer normaler. Früher warn Sie viel besonderer.
ER Meinen S'? Vielleicht, weil ich den Hut nicht mehr aufhab. Den Zipflhut.
SIE Nein. Gredet ham S'so anders.
ER Ja. Des Gspinnerte gewöhn ich mir immer mehr ab.
SIE Mei wissen S'noch. Wie Sie trotz Regen und Sonnenschein – immer in die U-Bahn runterkommen sind an meinen Schalter, damit S'den Wind gspürt ham, den d U-Bahn vor sich herdreibt.
ER Wenns recht windstill war oben. Des is wahr.
SIE Und dann habn S'mir vom Regen erzählt. Wenns gregnt hat obn.

Er Richtig! Und vom Sonnenschein. Aber da habn S'immer weinen müssen. Dann hab ich den Sonnenschein lieber weggelassen. Um Sie nicht unglücklich zu machen.
Sie Das warn schöne Zeiten. Aber heute kommen S'ja gar nicht mehr.
Er Leider. Weil ich normaler worn bin.
Sie Heute rennens alle nur vorbei an mir. – Vorgestern wollte einer einen Tausender gwechselt habn.
Er Im Vorbeirennen. Das habn S'natürlich sicher nicht gmacht, gell?
Sie Nein.
Er Hat er dann nicht mitfahrn können? Mit seine 1000 Mark?
Sie Er ist dann mit der Rolltreppe ein paarmal auf und abgfahren.
Er Sehn S', drum werd ich normaler. – Weil jetzt die Tausender mit de Gspinnerten rumlaffa.
Sie Und Sie möchtn nicht mit am Tausender rumlaffa?
Er Nicht unter diesen Opfern. Lieber verzicht i aufs Gspinnerte.
Sie Das verstehe wer will.
Er Leider will niemand. Wiedersehen. *Geht ab*
Sie Schade um den Menschen. Und war so ein uninteressierter Mann früher.

Karl V. Das einzige was überbleibt wenn einem sonst nix überbleibt /

Mozart Aber letzendlich genützet hat es uns nichts, sie haben uns doch fertig gemachet.

Karl Val. Na, die Normalen lassen nicht locker.

Diebnahme

Drei Gäste sitzen in einem Cafe. Ein Dieb, eine Frau, ein Rentner. Der Dieb nimmt der Frau heimlich ein Armband vom Arm. Der Rentner beobachtet die Szene. Nimmt den Dieb beiseite.

RENTNER Ich habe Sie beobachtet. Sie haben eben dieser Dame ein Halsband gestohlen.
DIEB Ein Armband.
RENTNER Die Polizei wird das schon klären. Herr Ober!
DIEB *reicht ihm einen Zeitungsausschnitt* Da, lesen Sie vorher.
RENTNER Was soll das? Eine Finte.
DIEB Nein, eine Zeitung. *Deutet* Das bin ich.
RENTNER *liest* Ein Opfer der Mäuseplage.... Die Mäuse haben seine gesamte Habe aufgefressen. *Er vergleicht* Ja das sind Sie! Und die Mäuse haben Ihre gesamte Habe aufgefressen?
DIEB Alles.
RENTNER Schrecklich. Dann haben Sie ja gar nichts mehr.
DIEB Bis auf diesen Armreif.
RENTNER Ja, ich kann Sie verstehen. Aber die Dame wird ihre Armkette vermissen. Es ist vielleicht ihr letzter Besitz. Sie hat sonst nichts mehr auf der Welt...
DIEB Da lesen Sie. *Reicht ihm einen anderen Zeitungsausschnitt*
RENTNER ...Unter anderem waren bei dem Empfang anwesend: die Frau des Exkonsuls Bieberstein, links im Bild...
DIEB Das ist sie.
RENTNER Die Bieberstein! Die mit dem vielen Schmuck!
DIEB *nimmt die Zeitungen wieder an sich.*
RENTNER Ach so ist das.
DIEB ....Ja, so ist das....
RENTNER Wird Ihnen die Kette überhaupt ausreichen? – Da! Sehen Sie, auf den Stuhl neben der Frau Konsul. Ihr Geldtäschchen.
DIEB *nimmt es* Danke. *Geht.*

Warum spielen sie so viele Strauß-Walzer in ihren ? — Ich möcht gern, daß wenn ma sagt 'Der Strauß', daß ma dann wieder an den Johann Strauß denkt.

Hunderter mit Falten

ER *sitzt in der Sonne, auf einem Stuhl auf dem Gehsteig vor dem Haus. Vor ihm am Boden liegt eine Brieftasche.*
SIE *mit Einkaufstüten und einem Blumenstock in der Hand, will die Haustüre aufsperren. Sie hebt die Brieftasche vom Boden auf.* Ist das Ihre Brieftasche?
ER Nein. Die hat die Hausbesitzerin verloren. Vor zwei Stunden.
SIE So. – Die Melchin. – Vor zwei Stunden schon.
ER Ungefähr.
SIE Und so lange hats niemand gefunden?
ER Niemand.
SIE Sie hättens schon finden können, wenn S'wollen hätten. – Ja ja, der ehrliche Finder!
ER Und der ehrliche Verlierer.
SIE Aha!
ER Die zwei passen zsamm.
SIE Aha!
ER Aber nehmen S' z. B. einen unehrlichen Verlierer, und es

kommt ein ehrlicher Finder dazu. Des paßt doch net.
Sie Es gibt nur einen ehrlichen Finder.
Er So. Nur einen? Meinen Sie. –
Sie Zwei Stunden vor einer verlorenen Brieftasche sitzen. Was haben Sie sich dabei gedacht?
Er Ob ich meinen Fuß draufstellen soll.
Sie Da schau her. – Und?
Er Nach einer Stund ist er mir eingeschlafen. Na hab ich ihn wieder runter.
Sie Jetzt wärn S'wahrscheinlich sitzen blieben, bis Nacht wird.
Er Da ist wahrscheinlich die Miete drin.
Sie Die Miete vom ganzn Haus! *Sie schaut hinein* Tatsächlich. – Da ist mein Fuchzger und mein Hunderter. Die kenn ich an die Falten.
Er Trauerfalten.
Sie Da Schaun S'!
Er Schaun S', ob vier so gelbliche Zwanzger drin san.
Sie *sucht* Hunderter. Hunderter. Da schaun S'! *Sie gibt ihm einen Hunderter.*
Er Müßt ich 20 Mark rausgeben. *Sucht in seinen Taschen, vergebens.*
Sie Was so ein Haus einbringt.
Er Ja. Ein Haus müßte man sein. Des steht bloß so da. An ganzn Tag recht faul in der Sonna. Und tut nix. Und die Hunderter flattern grad so rein.
Sie Sie hocken auch den ganzen Tag in der Sonne.
Er Aber nichts flattert. Kein Hunderter. – Ich hab mein ganzes Leben lang arbeitn müssen …
Sie Jetzt weinen S'nur nicht. Wir müssen doch alle arbeiten.
Er Ja *wir* schon. – Aber die Häuser, die stehn bloß da und nehmen ein. Das ist ungerecht.
Sie Oh mei. *Seufzt. Sie steckt ihre Scheine wieder in die fremde Brieftasche, auch seinen Schein. Legt die Brieftasche wieder auf den Boden.*
Er Legn Sies wieder hin?
Sie Ich geb ihr mein Geld doch nicht zweimal.
Er Auch nicht gfundn? *Sie packt ihr Zeug zusammen* – Na wart ma halt. – Vielleicht kommt doch noch ein unehrlicher Finder vorbei.
Sie Erkältns Ihnen nicht Herr Haberl.

I steh vor de Via Jahreszeiten,
Frühling bis Winta
de gleichn wichtign Gsichta.
Alles bessere Leid.
Und i wart auf de fünfte Jahreszeit,
wo da normale Menschen
ei- und ausgenga.
Aa Arme dabei.
Wenns de dann no gibt.

Friesch eigflogne Ananas füan Konsul
i woas net woher.
Und nach da Feia hamas na zamkehrt,
zum Teil warns a bissl ogfressn
und in d Aschntonna gschmissn,
de friesch eigflogna Ananas.
Und d Fliang warn aa scho dro.

Ostbahnhofviertl-Haidhausen-
Schlachthofviertel.
Beim blosn Anblick dieser Namen
gruselts manche.
Andere müassn se fast schpeim bei
Solln-Bogenhausen-Harlaching.

Da Hausmoasta meld' mi imma.
Am Hausbesitza.
Wenn Trepp'n net putzt is
Wenn's Auto im Hof steht.
Imma had a was zum meld'n.
Meld' nur Hausmoasta
Irgndwann werst'as scho merka
Daß du eigentlich zu mir helfa müaßast.
Net zu dem.
Schaug, du bist do aa a arma Hund, wia i.

A Mo, wo dem andan s Hackl naufhaut,
muaß hernoch ins Gfängnis.
Des woaß dea Mo ganz genau.
Und im Gfängns is net schee.
Drotzdem haut er eahm vorher des Hackl nauf.
Daran siehgt ma genau, daß
dem Mo des liawa is daß a dem
andan s Hackl naufhaut,
als daß a net ins Gfängnis kumt.
Wos ned schee is.

[handschriftliche Notizen:]
...v (~~schöpferische~~) Unruhe *und Ungeduld*
...weltpolitik und kunst
...tonminister
...weltministerium
...n Erdb~~eeren~~ und kunst

Arche Noah

Er und Sie bauen eine Arche Noah auf der Bühne mit Brettern aus Styropor.

ER Ja und wie mach ma dann des mit der Beladung?
SIE Von jeder Sorte ein weibliches und ein männliches.
ER Mhm. Von den Menschen also du und ich!
SIE Von den Schauspielern!
ER Dann von den Metzgern ein männliches und ein weibliches. ... Die könn ma gleich von da unten nehma. *Zeigt ins Publikum.*
SIE Die am nächsten sind.
ER Dann Bauern!... Auch von da unten.
SIE *Ins Publikum* Bauern bitte. Ein weibliches und ein männliches.
ER Die am nächsten sind bitte... Keine Bauern da?
SIE Dann Arbeiter.
ER Natürlich, die sind ja am wichtigsten.
SIE Ein weibliches und ein männliches bitte.
ER Eins bloß? Das sind ja dann viel zu wenig Arbeiter auf der Arche.
SIE Von jeder Sorte ein weibliches und ein männliches.
ER Pabst.
SIE Gibts kein weibliches.
ER Dann nehm mas überhaupt nicht. Weil...das würde ja dann aussterben.

Fleißige Bienen

HANSI *liest* In einem Bienenstock arbeiten ... »30 000 Bienen«.
VATER So viel müßten für mich auch arbeiten.
HANSI Da kaufn mir uns einen Bienenkorb...
VATER Ich meine nicht Bienen. Größere. Hirschkäfer. 30 000. Oder noch größere. Ah, 3000 glangertn schon. Dressierte Menschenaffn. Gorilla.
HANSI 3000 Gorilla. – Da wärn ma reich, gell Baba.
VATER 30 glangertn schon. Gut dressiert. Wenn die an ganzn Tag fleißig arbeitn...
HANSI Die beißn aber auch...
VATER In einer Montagehalle oder sowas.
HANSI Die beißn die Wärter, des hab ich im Film gsehn.
VATER De net, de i moan. De arbatn blos.
HANSI Baba du spinnst!
VATER Was?
HANSI Du spinnst ja! *Er liest* Ein Gorilla kostet zwischen 10 000 und 20 000 D Mark. So viel Geld ham wir gar nicht.
VATER Dann müaßat ma halt andere Viecha nehma. Hasn.
HANSI Der Hase ist nicht dressierbar.
VATER Dann doch – Hirschkäfer. Entsprechend mehr.
HANSI Haha. In da Montagehalle.
VATER Halt dein Mund!... Zangen hättn de jedenfalls scho dabei.
HANSI Aber wenns net mögn, de 3000 Hirschkäfer. Wenns alle auf dich losgehnga, mit eahnare Zangen?
VATER Des dean de scho net. Des hots no nia gebn. Da san de vui zbläd dazu.

Der kl. Schlüssel

Die beiden kommen die Treppe hoch, keuchen.
HANSI Gleich san mer da, Herr Schlossermeister. Gleich sind mir da… Da, des ist die Türe.
SCHLOSSER Aha, des ist ein Sicherheitsschloß.
HANSI Ja, des ist unser Schloß.
SCHLOSSER Da werds was habn.
HANSI Warum?
SCHLOSSER Da wirds etwas haben!
HANSI Hm!
SCHLOSSER Weil das ein Sicherheitsschloß ist.
HANSI Bringen S'das nicht auf?
SCHLOSSER Halt dein Mund, Bub. Schlosser sind sehr empfindlich, und wenn ma ihnen so was sagt, dann… verstehst. Ich hab in meinem ganzen Leben erst ein einziges Schloß nicht aufgebracht…
HANSI Ja, ich glaubs schon…
SCHLOSSER Und das war eingerostet.
HANSI Das ist ja klar, das glaub ich Ihnen schon…
SCHLOSSER Und an des Schloß hab ich drei Tag hingearbeitet.
HANSI Drei Tag!
SCHLOSSER Und dann is noch nicht aufgegangen!
HANSI Da können ja Sie nix dafür, wenn das eingerostet ist – oder?
SCHLOSSER Als wenn ich den Rost gemacht hätt. Ich…ich kann ja gar keinen Rost machen. Ich weiß ja gar nicht wie – ein Rost gemacht wird.
HANSI Wasser hintun.
SCHLOSSER Was?
HANSI Ins Schloß Wasser neispritzen!
SCHLOSSER Was! Ein Wasser – ins Schloß! Da verrost ja alles. Das darfst du nie machen, gell. Merk dir das.
HANSI Ja. Is schon recht. Ich hab ja bloß gmeint, weil Sie gsagt habn…
SCHLOSSER Ja ja, ist schon recht. – Wo ist denn der Schlüssel?
HANSI Innen.

SCHLOSSER Ha, das ist wieder recht. Einmal werd ich geholt, dann ist der Schlüssel innen, und wir stehen heraußen. Ein andermal werd ich nach innen geholt und der Schlüssel ist heraußen. Immer etwas anderes. – Gestern bin ich zu einem Baby geholt worden, das hat den Schlüssen verschluckt gehabt.
HANSI Was haben S'dann da gemacht?
SCHLOSSER Aufbrochen hab ichs – die Tür. Das war nämlich auch ein Sicherheitsschloß. Und der Schlüssel ist drinn? Das weißt Du bestimmt?
HANSI Ja.
SCHLOSSER Und sonst ist niemand in der Wohnung?
HANSI Doch. Der Kanarienvogel.
SCHLOSSER Ah, der nützt nichts. Der kann den Schlüssel ja nicht einmal tragen.
HANSI Und eingesperrt ist er auch.
SCHLOSSER Ja, dann gehts zweimal net.
HANSI Manchmal fliegt er aber frei herum.
SCHLOSSER Ah der. – An Papagei wenntst gehabt hättst. Der ist nicht so schwach. Und mit dem hätt ma auch redn können.
HANSI Ja! Hallo Papagei! Bring den Schlüssel! Gell?
SCHLOSSER Oder: Achtung Lora, bringen Sie bitte den Schlüssel!
HANSI Oder… Hallo, Herr Papagei…
SCHLOSSER Jetzt hör nur wieder auf. Das ist doch Unsinn. Wenn ihr gar keinen Papagei habt. Dann müß mer uns das Schloß eben einmal genauer anschauen. Halt einmal die Werkzeugtasche! *Er beugt sich zum Schloß hinunter* Hm…ffft!…
HANSI Was sehen S'denn?
SCHLOSSER Hm…ffft…
HANSI Herr Schlossermeister?
SCHLOSSER Das ist ein Sicherheitsschloß.
HANSI Das ist blöd, gell?
SCHLOSSER Das Schloß ist nicht blöd. – Aber – es ist blöd, ja. – Da muß doch irgendwo ein zweiter Schlüssel sein!
HANSI Das ist ja der zweite, der drinliegt.
SCHLOSSER Und der erste Schlüssel?
HANSI Ham wir keinen.
SCHLOSSER Ihr habt nur einen zweiten Schlüssel. – Aber keinen zweiten. Ja dann, dann muß ich mit dem Sperrhaken aufsperren.
HANSI Mhm.
SCHLOSSER Wie ein Dieb. Ah, ah ah ah ah.

HANSI Denken Sie sich nichts, deswegen.
SCHLOSSER Wie ein Einbrecher. Ich, ein ehrlicher Schlosser. – *Geräusche* Da schau. Eins, zwei, drei – vier! auf ists. *Tür geht auf.*
HANSI Bravo! Sie sind ein guter Schlosser.
SCHLOSSER Jetzt holst einmal den Schlüssel.
HANSI Da ist er.
SCHLOSSER Aha, das ist er. So klein. Und sperrt schon ein Sicherheitsschloß! Alle Achtung!

Beide streichen die unteren Träger einer Eisenbahnbrücke.

Sie *Ein Lehrbub* Meinen S', daß des was nützt?

Er Freilich. Jede Eisenbahnbrücke muß alle drei Jahre gestrichen werden.

Sie Und wenn ma das nicht macht?

Er Dann verrosts.

Sie Und dann?

Er Dann werds hin.

Sie Und dann?

Er Und dann und dann – dann fällt herab die Eisenbahn. Haha.

Sie Haha. Alle drei Jahr. Des wär eigentlich ganz leicht.

Er Ja, schwer wär es nicht.

Sie Haha – und dann fällt herab die Eisenbahn.

Er So saudumme Sachen brauchst mir nicht nachsagen. Streich lieber!

Sie Ja, Moaster.

Er Es hätt sowieso kein Sinn. Weil, wenns mir nicht streichen, dann streichens andere. Die Maler! O mei! *Verachtend. Ein Zug naht von ferne.*

Sie Ich weiß schon. Wenn die Maler zamhalten tätn, gell! Und nix mehr streichen.

Er Des gab an Dreck. Da schaugertens sauber aus die Herrn. *Der Zug donnert, über den beiden, über die Brücke.*

Sie *im Lärm* Wieso gäb des an Dreck?

Er Was meinst?

Sie Wieso des an Dreck gäb? *Ein zweiter Zug kommt heran und donnert über die Brücke. Dabei wird eine Orangenschale heruntergeworfen, neben die beiden.*

Er *hebt die Schalen auf, nachdenklich* In meiner Jugend hab ich Schiffe gestrichen. *Er wirft die Schale dem Zug nach.*

Sie Damits nicht untergehen, gell!

Er Und jetzt muß ich mir Orangenschalen aufn Kopf werfen lassen. *Er streicht.* Den Träger brauchst nicht streichen. Des ist eine Fehlkonstruktion. Der tragt sowieso nix.

Sie Wissen S'des gwieß?

Er *kratzt sich den Kopf, rechnet* Streichn lieber.

Sie Den streich ich besonders schön. Wenn er schon nichts nützt –

Er Einen sauberen Beruf ham wir da. *Ein Zug von ferne.*

Sie Mein Baba hat gsagt, die Eisenbahn stirbt sowieso aus. Es wäre besser, wir täten Flugzeuge anmalen.

Er Was meinst?
Sie Flugzeuge!
Er Das ist ein Zug! *Zug donnert über die beiden.* Das war ein Schnellzug.
Sie Da wackelt der ganze Boden.
Er *reibt in seinem Auge.* Schau nicht nach oben!
Sie …Wenn es unten wackelt.
Er Schau nicht nach oben – unter einer Eisenbahnbrücke – wenn oben ein Zug darüberfährt.
Sie Soll ich Ihnen mein Taschentuch leihen, Moaster?
Er …Wegen dem Rost! Verstehst!
Sie Und wegen dem Obst. Gell.
Er Ja. Und was sonst noch alles fällt. Davon wollen wir gar nicht reden.
Sie *legt den Pinsel weg.* Brotzeit.
Er So Brotzeit ist? Brotzeit! *Unterbricht die Arbeit. Beide setzen sich gemütlich auf Kisten.* Jetzt sollt ma in so einem Abteil sitzen, in so einem Schnellzugabteil, schön weich. A Tischerl vor uns. Und über die Lande brausn.
Sie A geh Moasta. Jetzt fanga S' schon wieder o. Gestern habn S'a scho dauernd von dem weichen Abteil geredet.
Er Du hast eben keine Fantasie. – Durch Tunell durch. Über Brücken hinweg. Alles hinter sich lassen.
Sie Und unter sich – den Dreck. – Da werdn sich aber dann die andern beschwern, wenn ihnen unser Dreck in die Augen fällt.
Er Paß auf! Da kommt schon wieder einer. *Beide ducken sich. Zug donnert vorüber. Eine leere Bierdose landet scheppernd neben den beiden.* Saubande!
Sie Schon wieder ein Schnellzug.
Er Ja, ja. Verrostn sollt mas lassn.
Sie Dann verdien ma ja nix.
Er Die verdienen des gar net, daß mir – was verdienen.

Machts mir so weida, na werd's es scho sehng was hikimts.

7.) Jetz is soweit. Des howe kumma sehng. Jetz hammas.

Schreiwal

ER Ham Sie des Schreiwal gsehng? So ein kloans Schreiwal. – Des muaß da irgendwo liegn.
SIE Was für a Schreiwal?
ER So a kloans Schreiwal. Des am Dosndeckl dort war. Grod hob is no gsehng.
SIE A ganz a kloans Schreiwal?
ER Wias hoit san. Ungefär a so! Net grässer. Vom Dosndeckl.
SIE Messing oda suiwan? Vaniglt moani.
ER Scho a bissal varrost. Glänzt fast nimma. A viereckats Köpfal hats. Ziemlich kloa.
SIE Ah! So a Schreiwal wias an de Nähmaschin dort san. Di ken i scho. – Awa de ham runde Köpfal.
ER S'Köpfal is ja wurscht. A so a kloans Schreiwal is. A Feststell-Schraum. A kloans Schreiwal hoit. I hab scho überall gsuacht.
SIE Des findn S'nimma. De laffa oft weit. De roin umananda. In Ritzen nei. Zur Tür naus. Üwan Teppich. In Ofa nei. Oder sonst irgnd in a Vasteck, wos niamehr wer findt.
ER Wenn i a Ersatz Schreiwal hätt…
SIE Des roit genauso. Zwischen Türn…
ER Des lassate scho net roin. Des dat i ja in Dosndeckl nei schraum.
SIE Wenns basst.
ER Wenns a Ersatzschraum war, dann tats aa bassn.
SIE Vorausgesetzt es ist da richtige Dosndeckl.
ER Wo isn der überhaupts? – Jetzt is da Dosndeckl aa nimma do. –
SIE Sehn S'. Jetzt tat Eahna d Ersatzschraum aa nix mehr nützn.
ER Im Gegnteil. Wene koan Dosndeckl hab, geht ma de Ersatzschraubn bloß im Weg um.

Sie Aber Sie ham ja koa Ersatzschraum!
Er Ja, des is ja des guate.
Sie Wissn S'was. Jetzt vergessen S'den oidn Dosndeckl! – Und kaffa S'ase an neuen. Da ist dann d Ersatzschraum scho dort.
Er Nein, des stimmt nicht. Am neuen Dosndeckl is blos de richtige Schraum dort. D Ersatzschraum müßt i mia erst bsorgn. – Aba de brauche ja dann net, wene de richtige Schraum hab.
Sie Dann is ja alles tipp topp.
Er Tipp Topp ja. – Und d Hauptsach is ja, ich hab d Dosn. – Wo der Deckl dazuaghört.
Sie D Dosn ham S'.
Er D Dosn hab i. Tipp Topp.
Sie Ja sowas. D Dosn hat a.
Er D Hauptsach, daß i d Dosn hab.
Sie Was habn S'n da drin in der Dosn?
Er Ersatzschraum. –
Sie Ja, dann derfa S'ja ruhig a Schraum valiern.
Er Freile, nur an Dosndeckl derfa S'net valiern.
Sie Awa grad den ham S'doch valorn.
Er So? – Was mache nacha mit dene Ersatzschraum?
Sie De wern S'scho aa no valiern, ohne Dosndeckl.
Er Hoffntlich. – Na, sofui komma net valiern.
Sie Vielleicht … im Rahmen eines Erdbebens, – daß mit verschlungen wern.
Er Nein. – Di bleibn ma. Des kenn i. De bleibn ma mein ganzes Leben.
Sie Na tun S'es in Speicher nauf.
Er Nützt nix. Dann bleibns ma im Speicha.
Sie Ja, dann weiß ich auch nicht weiter.
Er Ich wüßt schon weiter – noch weit – aber ich glaub, es ist besser, ich behalts für mich.

2.) Mia hams scho lang.

Geburtshaus Frühlingstraße 10

Bua? wos wuistn du amoi wern?

Nix.

Was! nix? Bua Bua! wos werd aus dir amoi wern.

Meine Berufe:

1. Installateur
2. Chauffeur
3. Opernstatist
4. Filmcomparse
5. Zeitungsausträger
6. Operettensänger
7. Sportplatzwart
8. Jugendherbergsvater
9. Jugenderzieher
10. Lotto Annahmestelle
11. Schauspiellehrer
12. Puppenspieler
13. Schauspieler
14. Pantomime
15. Autor

An Kulturreferat München

Wie von Ihnen erwünscht, sende ich Ihnen hier die
'kurze Zusammenstellung über Leben und Wirken',
schnell und witzlos von mir gehämmert am 12.6.1978.

Philip Arp. Schauspieler und Autor, Bairisch und
Bühnendeutsch.
Keine Bücher. Selten im Fernsehen.
Spielt meistens seine eigenen Stücke und Texte,
in München, und auf Gastspielen.
Förderungspreis für Literatur der Stadt München.
Er ist Mitbesitzer des Tamstheaters, in München.
Er hat viel Existenzangst.
Infolge erhöhten Gallenfarbstoffes muß er sich
ständig ärgern.
Geboren im kalten Winter am 27.Februar 1929 in
der Vorstadt Au in München, im Hinterhof, 1.Stock
in der Frühlingsstraße Nummer 10.
Lebt seitdem hier.
Wohnt heute in Schwabing, in der Feitlitzschstraße.
Und bereitet gerade einen neuen Theater Abend vor.

240   Arp als Sechs- und Zehnjähriger

Arp als Fünfjähriger mit Vater, Mutter und Bruder Josef

Zum Schussern braucht ~~man~~ man eine kleine Grube im Boden, so groß wie drei Kinderfäuste. Andere Kinder mußten zum Schussern deshalb in den Hof oder auf die Straße oder Anlage gehen. Wir hatten so ein Loch in der Wohnung. Das war ein Vorteil. Wir konnten daheim schussern. Im vorderen der beiden Zimmer, die wir zu acht bewohnten, dieser Bruchbude, war zwischen den zerfaserten Brettern das Schusser-Loch. Dahinten im Rückgebäude war es zwar dunkel, am Boden, aber wir haben die Schusser gesehen.

Philip Arp. In der Landeshauptstadt, ganz nahe am Isarfluß,
bin ich geboren und arm aufgewachsen. Verboten und heimlich habe
ich geangelt und die Fische meiner Mutter heimgebracht. Aber
das ist keine romantische Erinnerung. Das ist ein Wutgefühl,
das ich schon als Bub hatte: daß die einen angeln dürfen, und
die anderen, und ich, nicht. Und die Wut, habe ich heute noch.
Und nicht mehr blos wegen dem Angeln.
Und mit dieser Wut spiel ich lustiges Theater, schreib ich meine
lustigen Szenen. Und es ist nicht zu glauben: die Leute lachen.
Und nur ein paar spüren die Wut durch.
Einige meiner Texte sollen 'absurd' sein. Das ist zum Lachen.
Absurd ist, was ich sehe, wenn ich zum Fenster hinausschaue.
Absurd ist, daß die einen fenzantzen können und die anderen nicht
und ihr ganzes Leben lang nicht zum fenzantzen kommen oder gar
fenzantzt werden. Das ist absurd.

Blick aus dem Fenster der Frühlingstraße 10   Zeichnung des Dreizehnjährigen

1959

1965

In dieser langen Zeit

Die selbstverständliche Bewegung
den Schlüssel in das Schlüsselloch stecken,
umdrehen, aufsperren: nun außergewöhnlich.

Ich öffne die Tür.
Dein Geruch ist noch da.
Dein Geruch.

Ich sehe die vielen schwarzen Schirme im Flur.
Den Mantel mit dem Pelzkragen.

Sitzt nicht mehr in deinem Zimmer.

Der Stuhl, den du so verrückt
verziert hast, mit Silberstreifen und Kettchen,
Rosenkränzen, indischen Elefantenbildern.
Er war zuletzt dein Thron, hast ihn eingerichtet mit Bleistiften,
notwendigen Dingen. Jederzeit etwas arbeiten.

Die Tür öffnen.
Suche dein Lächeln
unser Lachen.

Die Sonnenbänke auf dem Königsplatz.
Als ich dich kennenlernte, warst du einer
der sich verbrannte, verströmte –
wir sind nebeneinander gesessen, zwei Kinder.
Du hattest dein erstes Stück geschrieben,
eine Liebesgeschichte von einem verzauberten Prinzen.
Liebster Mann,
hast dich begeistert
leidenschaftlich
für Begegnungen,

Frauen
für mich,
für kleine, kleinste schöne Dinge.

*

Bei dir ging es immer um Leben und Tod.
Es gab keinen alltäglichen Tag.
Explosiv: das Zeichnen, das Schreiben,
das Spielen. Jedes Telefongespräch wurde
zur Lebensaufgabe. In ungeöffneten
Briefen vermutetest du
Katastrophen. Wir wären
im Schneesturm umgekommen,
beinahe, nachmittags um fünf
zwischen Starnberg und Pöcking,
fast erfroren
bei unserer Zugspitzbesteigung –
ich
in Turnschuhen und Popelinhose,
du
theatralischer ausgerüstet, mit Wollhandschuhen
und Kletterseil.

Jedes Beisammensein wurde zu einem Fest.
Eine Tasse Kaffee – ein Fest,
die Kuchenfeste, Suppenfeste, Scampifeste!
Vermissen muß ich die Überraschungen,
vermissen
dein Lachen,
deine Erfindungen,
deine Küsse,
dein Verstehn,
deine Zartheit,
deine Ängste,
nie vernünftig
immer Kind.
Die Türe öffnen und dich umarmen,
überfallen sein von deinem Geruch,
die zarteste Haut,
deine Augen.

Ich sitze auf deinem Bett.
Bist nur für kurze Zeit weggegangen
in den Englischen?

Du hast die Bäume umarmt.
Hast Kraft für dich eingeholt.

*

Eintreten in deine Welt,
zurechtfinden in den Mappen,
Schachteln, gefüllt mit Notizen, Einfällen,
die Koffer mit unseren alten Puppen, Kostümen,
Theater, Koffer über Koffer getürmt.

Aber München zu verlassen, nur der Gedanke
hat dich wochenlang gequält. Schreckliches
Heimweh bereits bei der Abfahrt. Wolltest immer heim.
Wir fuhren mit vierzig Stundenkilometer
nach Arles, nach Nimes, wir schliefen im Lloyd
mit Blick auf die Arena,
wir erwachten auf den schönsten Plätzen in Rom.
Und wieder zu Hause: endlich – Spaziergänge im Isarbett.

Wie viele Male öffnete ich diese Tür?
Wieviele Male
sind wir nach Hause gekommen?
Flüchteten aus den Krankenhäusern.
Die letzte Flucht
an einem sonnigen Nachmittag. Wir saßen
im Cafe, mit Zwetschgendatschi. Wir waren lustig.
Wir waren zu dritt auf der Reise nach Norwegen.
Du warst sehr schön. Die Fahrt auf der Fähre.
Du warst verliebt.

Unsere letzte Reise.
Unendlich weit weg, biblische Insel,
riesige Ziegenherden wandern vorbei, fremd –
wir erleben uns wieder,
Zärtlichkeit
Hingabe
Vertrauen
Liebster Mann.

Der Hirte, Silhouette hoch oben
war er auf seinen Hirtenstab gestützt? Zeit,
unendlich weit.

*

In dieser Langen Zeit, Liebster,
haben wir gelernt voneinader.
Sitze ich nun allein, kommt der Schmerz.
Schaue ich nach dir aus –
bist du da, tröstlich.
Bringst mich zum Lachen.
Hast dein schwarzes Mäntelchen an,
winkst mir zu,
dein leichtes Lächeln
im Mundwinkel, winke ich zurück –
tröste mich, zerbrechlicher schmaler Mensch.

Anette Spola

Beantwortung der Valentin Frage.   von Philip Arp.

Ich werde gefragt, wieso es kommt, daß einem die Szenen die ich
schreibe an die Szenen von Valentin erinnern.
Ich murmle darauf etwas von ~~einigen~~ Einstellungen zum Leben die sich
offenbar ähnlich sind, ...und daß ich ~~eben~~ in der gleichen Richtung
denke, und daß man dann den Valentin auch fragen müßte warum er so
wie ich, und daß es doch auf der Hand liegt so zu denken, und daß
ich mich eher wundere daß mir nicht mehr sind, der Valentin und ich.
Dann kommt bald auch die heimtückische Frage hintnach an mich, wann
ich seine Stücke kennengelernt hab, ob ich vorher schon was geschrieben
habe. Ich hab seine Platten als Kind schon gehört im Radio, das war
so um 1936 herum, ich wurde direkt drauf gestoßen, weil die ganze
Familie, 6 Kinder und 2 Eltern, danach xxxxxxxxxx gelechzt hat.
Aber das Aufnehmen, das Abnehmen, das Anlehnen, das ist gar kein
Problem für einen der was macht.
Meine Mutter kam aus der Umgebung Münchens, mein Vater kam aus xxxx
der Umgebung von Wien. Er ist 1881 geboren, ein Jahr früher als
Vale, und war auch 49 Jahre alt bei meiner Geburt. Ich bin auch in
der Münchner Vorstadt Au geboren, ca 4oo Meter vom Vale Haus entfernt.
Ich hab in der gleichen Isar gespielt wie er, hab die gleichen
Weißfische gefangen, und einen Teil meiner Bildung von der gleichen
Auer Dult bezogen. Auch ich bin unter die Auer Gassenbuben gefallen,
habe die Schlachten gegen die Ickstadtstraßler und Morassiestraßler
mitgekämpft, und war trotz dem ~~meiner irgendwie doch nicht Dazugehörigkeit~~
ein angesehenes Mitglied ~~dx~~ bei den Gassenbuben, weil ich in den
Hinterhöfen und Anlagen neue Spiele erfinden konnte, während den andern
nur immer wieder einfiel, den alten Malinsek aus seinem Zigarrenladen
herauszutrommeln.
~~In Kürze weiter~~ In den Kleinhesseloher See bin ich auch gefallen,
mitsamtm Gewand, Holz mag ich, ~~und hab Hände die damit umgehen können.~~
Die Bergsteiger mag ich auch nicht, und auch nicht - mit Ausnahmen -
die dauernde Volksmusik, Holdrio. - Und dann die Angst. Die verbindet.
Das ist ein eigenes Kapitel. Angst vor Briefen die kommen- ich öffne
sie wochenlang nicht. Und dann die Krankheiten. Hypochondrie zu sagen
ist eine Gemeinheit.

250

Schreibn's einfach a Buch.

ER So, in Ihrem Haus wohnt ein Mann, der wo ein Buch gschribn hat im vierten Stock?

SIE Ob er s im vierten Stock geschrieben hat, des weiß ich net, aber da wohnt er. Manchmal seufzt er die Treppe so hinauf.

ER Dann wird ers schon oben gschribn ham, wo soll ers sonst geschrieben ham?

SIE Auf einem Dampfer in der Südsee?

ER Ist der Mann Dampferfahrer? Von Beruf.

SIE Von dem einen Buch kann der sich die Dampferfahrten wahrscheinlich nicht leisten.

ER Dann fragn S'halt einmal, ob er zum Vergnügen in der Südsee herumfahrt.

SIE Wenn er überhaupt fährt – und die Südsee ein Vergnügen ist!

ER Das ist sie bestimmt. Außer er ist Heizer.

SIE Ich sag Ihnen doch, er ist Buchschreiber! Da kann er nicht auch noch heizen.

ER Und was macht er im Winter? – Da wird er wohl beides tun müssen.

SIE Außer er fahrt im Winter auf der Südsee.

ER Kalt ist es.

SIE Weils Winter ist. Jetzt sollt ma des Geld ham für eine Dampferfahrt.

ER Schreibn S'einfach a Buch.

SIE Einfach, das ist nicht einfach ein Buch!

ER Geh. Ist der Mann so gscheit?

SIE Des hab ich Ihnen doch gesagt.

ER Daß er im vierten Stock wohnt und Südseereisen macht... und jeden Winter aufm Dampfer ein Buch schreibt.

SIE Jeden Winter! Sie spinnen ja, ein Buch!

ER Spinnen sollte man die Bücher, ja, wie die Seidenraupen und sich verpuppen darin. Da tätn die anderen Passagiere schaun: Eine Buchraupe auf einem Südseedampfer – gibt es vielleicht. Auf einer Dampferfahrt ein Buch spinnen ist besser als es im vierten Stock schreiben und die Treppen hinaufseufzen. – Aber jeden Winter? Ob man soviel spinnen kann?

Chronologie

1929
Am 27. Februar wurde Hermann Fischer, der sich später Philip Arp nannte, in der Münchner Au geboren, als Sohn des Schuhmachermeisters Karl Fischer und seiner Ehefrau Therese. Er ist das sechste Kind. Die Familie lebt in zwei Zimmern im Hinterhaus Frühlingsstraße 10 (heute Eduard-Schmid-Straße). Er wächst auf als Gassenbub, sich selbst überlassen. Sein Mittel, sich zu behaupten, ist die Fantasie. 40 Jahre später schreibt ihm ein Schulfreund: »Mir ist noch lebhaft ein Klassenausflug von Grünwald nach Schäftlarn im Gedächtnis. Im Isar-Seitenkanal hast Du – schon damals voller Dramatik – ein paar Gänseblümchen versenkt, weil an dieser Stelle ein Freund von Dir kurz vorher ertrunken sein soll.«
Bereits der Fünfjährige zeichnet sehr viel, mit Vorliebe skurrile Bildergeschichten. In der Volksschule wird sein Talent erkannt und in mehreren Zeugnissen lobend erwähnt.

1936
Umzug in eine Drei-Zimmer-Wohnung im Vorderhaus.

1942-1946
Besuch der Maria-Theresia-Oberschule für Jungen in München. Hitlerjugend. Bombenangriffe auf München. Arp versucht, sich den ständigen Einsatzbefehlen und Dienstappellen zu entziehen. Die Folge: Vorladung vor den Polizeipräsidenten, Bedrohung der Eltern. Eine Zeit großer Ängste, die Arp sein Leben lang belastet und beschäftigt haben.

1946
Abgang vom Gymnasium ein Jahr vor dem Abitur. Erste schriftstellerische Versuche. Gedichte, Kurzprosa und Hörspiele. Nebenher zeichnet er ständig weiter, nimmt Gesangsunterricht, lernt verschiedene Instrumente (Klavier, Geige, Laute und Fagott).

1949
Schauspielunterricht im Seminar für Ausdrucksschulung. Einer seiner Mitschüler: Dieter Hildebrandt. Arp schreibt sein erstes Stück »Das Klavier im Kuhstall« und die ersten Valentinaden, die er mit Carlamaria Heim aufführt.

1956
»Das Klavier im Kuhstall« und die ersten Va- geführt. In einer kleinen Rolle Anette Spola, mit der er von da an zusammenlebt und zusammenarbeitet. Arp verdient sein Geld als Jugendherbergsvater, Chauffeur, Opernstatist, Sportplatzwart, Operettensänger, Lottoauszähler. Tingelt als Operettensänger mit der »Komischen Oper München« durch Franken und Oberbayern.

1958
Das Stück »Prinz Gong«, ein »zauberisches Märchen«, erscheint im Bärenreiter Verlag München.

1959
Gründung eines Puppentheaters mit Anette Spola. Sie spielen eigene Stücke in Münchner Bibliotheken und Freizeitheimen. Heirat.

1960
Sie ziehen in zwei kleine Dachzimmer in der Frühlingsstraße. Ein Jahr später Umzug nach Solln in ein Gartenhaus. Erarbeitung eines Pantomimenprogramms.

1963
Umzug in die Leopoldstraße 69. Die ersten

Vorstellungen in der Wohnung vor acht bis zwölf nichtzahlenden Zuschauern. In den nächsten fünf Jahren Tourneen durch die Bundesrepublik, die Schweiz, Italien, Finnland, Brasilien, Chile, Peru und Mexiko. Arp schreibt Stummfilmdrehbücher, Kinderstücke und Valentinaden-Texte. Nebenher entstehen Hunderte von Zeichnungen, die er mit verschiedenen Namen (Parp, Armand) signiert. Aus der gleichen Lust an der Verkleidung wählt er als Autor verschiedene Pseudonyme: Georg Grillowitz, Juliane Gugel, Professor Tivoli-Brücke.

1969
Rückkehr nach München. Arp und Spola entdecken in einem Schwabinger Hinterhof, gegenüber der »Lach und Schieß« und neben dem Sozialamt die zum Abbruch bestimmte Ruine eines Städtischen Brausebades. Sie können das Bad günstig von der Stadt mieten und bauen es zu einem Theater um. Der Heizungsraum wird das Foyer, das Bad mit den Duschkabinen Bühne und Zuschauerraum.

1970
Eröffnung des »Theaters am Sozialamt«, des TamS, mit »Die stummen Affen« von Fritz Herrmann. Ein glatter Reinfall. Die zweite Premiere ein durchschlagender Erfolg: Peter Handkes »Quodlibet«, eine Uraufführung. Es folgen eine Lewis Caroll Show und Tollers »Masse Mensch«, in denen Arp spielt und zum ersten Mal Regie führt. Seit der Gründung des Theaters liest Arp an jedem 24. Dezember die »Heilige Nacht« von Ludwig Thoma.

1971
Erster Valentinaden-Abend (mit den Texten »Die Decke«, »Im Riesenrad«, »Der kleine Schlüssel«, »Die Uhr von Löwe«, »Wer wars?«, »Wovon«, »Die Eisenbahnbrücke«, »Nachtgespräch I« und »Nachtgespräch II«) und einer Dia-Show seiner München-Collagen. Musik Rudolf Kelber. Arp entwirft und baut seine Requisiten- und Bühnenbilder selbst. Der Abend bringt für ihn und das TamS den Durchbruch. Benjamin Henrichs in der Süddeutschen Zeitung:

Wenn die Vorstellung beginnt, ist es halb neun im Theater am Sozialamt. Dann läuft die Uhr über dem Eingang zum Zuschauerraum mit größter Präzision rückwärts. Wenn man das Theater verläßt, um dreiviertel sieben, kann man sich doppelt freuen: erstens hat man noch den ganzen Abend vor sich; zweitens hat das TamS, bisher das Aschenputtel unter den Münchner Kellertheatern, eine überraschend schöne und originelle Aufführung zustandegebracht

Philip Arp ist der unauffällige, schüchterne Held dieses Abends. Arp hat die »Valentinaden« selbst geschrieben: Szenen in der Art Karl Valentins. Ein plumper Plagiator hätte sicher versucht, die komischen Verrücktheiten Valentins noch einmal effektvoll zu überbieten. Arps Imitationen gehen einen ganz anderen Weg: sie tasten sich an die Philosophie Valentins heran. Arp hat gesehen, daß Valentins Szenen nur äußerlich etwas mit Schwank und Slapstick zu tun haben, daß sie in ihrem Zentrum Texte voll Schwermut und Melancholie sind. Valentins beste Szenen sind jene, in denen sich seine Helden immer tiefer in ein endloses, hilfloses Philosophieren verstricken. All ihre Versuche, die Welt mit Worten zu erklären, machen die Welt nur noch unerklärbarer.

Arp und seine Partnerin Anette Spola spielen den Unsinn, als sei er die pure Normalität – so entstehen Szenen von leiser Alltäglichkeit, von effektloser Melancholie. Am schönsten zeigt dies die erste Szene, wo Arp ganz traurig und verstört auf der Bühne herumsteht, wo nur zag-

hafte Gesten seine Sätze begleiten, wo sich plötzlich ganz unerwartet ein kleine, schütteres Lächeln auf sein Gesicht wagt: da ist er ein zarter Grübler, ein stiller Chaotiker. Arp spielt solche Momente so untheaterhaft, so verblüffend unaufwendig, als sei er nur das Fragment, der Schatten eines Schauspielers.

1972
Gastspiele mit den »Valentinaden« in Süddeutschland und der Schweiz. Brezn-Ausstellung im TamS. Arp pflanzt die Karl Valentin Gedächtnis Trauerweide im Vorhof des TamS.

1973
Umzug in die Au, Bereiteranger 6. Wieder in eine kleine Zwei-Zimmer-Wohnung. Arp bricht die Verbindung zu seiner Familie ab. Nur noch Kontakt mit Bruder Karl, der einige Male auch als Laiendarsteller im TamS auftritt. Valentinaden II. Funk und Fernsehen senden Arps Szenen. Förderungspreis für Literatur der Stadt München. Bis 1976 bringen Arp und Spola in jedem Jahr ein neues Valentinaden-Programm heraus. Das letzte, gewissermaßen als Test, zuerst in der Schweiz. Die Resonanz ist positiv, Arp dennoch unzufrieden. In München zeigt er den Abend nicht. In der Galerie über dem Theater wird die Komikkeramik-Ausstellung eröffnet. Die Objekte hat Matthias Drexel nach Arps Skizzen angefertigt.

1974
Arp annonciert im Anzeigenteil der Süddeutschen Zeitung unter der Ruprik «Nachhilfeunterricht» einen »Baierisch-Sprachkurs im Nebenzimmer der Gaststätte Fraunhofer«. Die als Gag und nur für einen Abend geplante Veranstaltung wird bitter ernst genommen. Arp muß zahlreiche Interviews für Zeitungen und Rundfunk geben. »Die Zeit« spricht von »Dialektschulen auf Vormarsch in München«. Ergebnis: Nicht einen Abend, drei Monate läuft der Kurs.

1975
Arp zieht allein in die Feilitzschstraße 35. »Endlich eigener Haushalt.« In der Küche hängen die Werkzeuge seines Vaters. In diesem und den folgenden Jahren entstehen Hunderte von Zeichnungen.

1976
Uraufführungen seines Stückes «Zum Runden Eck».

1977
Balladenabend »Des Sängers Fluch – bis Montag ganz«, eine persönliche Abrechnung mit seiner Schulzeit im »Tausendjährigen Reich«. Aufzeichnung vom Bayerischen Fernsehen.

1978
Schwabinger Kunstpreis. Im TamS begeht Arp seinen »Mord am Nationaltheater«. »Tiefland« läuft auf der Bühne, »Fidelio« wird zwischen den Röhren des ehemaligen Heizungskessels gegeben. Hans Reinhard Müller holt Arp an die Münchner Kammerspiele für seine Inszenierung des Zwei-Personen-Stücks »Nepal« von Urs Widmer. Arps Partner ist Jörg Hube. Der Autor sieht die Aufführung und beschließt, für die beiden Schauspieler ein Stück zu schreiben.
Pic und Pello im TamS. Beginn einer Freundschaft.

1979
Arp schreibt mit Rudolf Vogel «Bavaria Loas», eine Auftragsproduktion für das Münchner Theaterfestival. Aufführung im Frühjahr. Am 5. Oktober Uraufführung von »Stan und Ollie in Deutschland«, mit Arp als Stan und Hube als Ollie im TamS. Der Autor Urs Widmer führt Regie. Auftritte im »Scheibenwischer« und in

Gerhard Polts Serie »Fast wia im richtigen Leben«. In diesem Jahr erhält Philip Arp auch Gewißheit über seinen Gesundheitszustand. Auf Drängen seiner Freunde läßt er die Lymphknoten untersuchen, die ihn seit langem ängstigen und belasten. Diagnose: Non-Hodgkin-Lymphom.

1980
Gehirnblutung. Eine rasche Operation wird notwendig. Zwei Monate im Krankenhaus. Arp erholt sich erstaunlich schnell, für die Ärzte ein Wunder. Im Sommer Reise nach Norwegen. Im Herbst Fernsehaufzeichnung von »Stan und Ollie in Deutschland«. Erste Buchausgabe »Keine Auskunft von Philip Arp – Szenen, Geschichten, Gedichte und Collagen« im Verlag Habbel Regensburg.

1981
Zweite Gastrolle an den »Kammerspielen« in Felix Mitterers »Kein Platz für Idioten«. Arp und Spola erwerben zusammen mit dem Maler Fritz Scheuer die »Glashütte«, ein Anwesen in der Nähe von Penzberg. Arp setzt seine Hoffnungen auf das Landleben. Er hält sich zwei Milchschafe. Neue Pläne. Er trägt Material für ein Stück über die Penzberger Mordnacht 1945 zusammen. Im Stadel der Glashütte Bau einer Probebühne. Zum 99. Geburtstag Karl Valentins und zum 11. Geburtstag des TamS inszeniert und spielt er zusammen mit seiner Partnerin Anette Spola erstmals drei Valentin-Stücke: »Der Bittsteller«, »Der reparierte Scheinwerfer« und »Der Firmling«. Im Rahmenprogramm treten auf: ein Vorstadtentertainer, eine fünfjährige Ballerina, der bayerische Meister im Einradfahren und der »Münchner Seemannschor«.

1982
Rollen in mehreren Fernsehspielen u. a. als Partner von Wolfgang Büttner in der literarischen Filmerzählung »Die Pfauen« und in Percy Adlons »Die letzten Fünf Tage«. Valentinaden-Reprise vom Fernsehen aufgezeichnet. Immer wieder Krankenhausaufenthalte, auch in den folgenden Jahren. Und immer wieder flüchtet er aus der ihm unerträglichen Umgebung. Versuche mit alternativen Heilmethoden.

1983
Zweite »Salome«-Inszenierung im TamS. Ernst Hoferichter Preis der Stadt München. Die knapp zweiminütige Laudatio hält Gerhard Polt. Arp gibt die Glashütte auf und kehrt in seine Stadtwohnung zurück.

1984
Zweites Stück mit Rudolf Vogel »Ins Sprungtuch wird nicht gesprungen«. Eine Hausbesetzer-Geschichte. Besitzer: Otto Grünmandl, Besetzer: Philip Arp.

1985
Valentinaden »Originalsprengung«. Arps letzte Theaterarbeit. Im Herbst tritt er noch einmal öffentlich auf bei der Protestaktion »Rettet den Hofgarten«.

1986
Im Sommer Reise nach Fuerteventura mit Anette Spola. Im Herbst verschlechtert sich sein Gesundheitszustand.

1987
Am 17. Februar stirbt Philip Arp.

Inhalt

I hob d Büacha dick	5
An einem Faden	8
Einzug	8
Zoologische Probleme	9
Eine Scheine Geschichte	10
Zerrissenheit	11
Nachtgespräche	12
Ansichtskarte	14
Skifahrer	16
Beim Inspektor	18
Bleischdifdschbizza	19
Violinquartett	20
Ungemachte Meldungen – Ein Monolog	22
Beide wandern	24
Laßd' des ned bleibn Bua	24
Spanien	25
Im Riesenrad	26
Betr. Projekt-Zuschuß »Die Töchter des Erfinders«	28
Was i da bau	31
Da Besitzer	33
Olympiaturm	34
Gipfel	38
Beim Diktat	40
Immer wenn ich dir rufe	41
Müntschän liegt direkt übän Erdmittelpunkt	44
Unta jeda Straß is a lafade Odlgruam	44
Daxi is zteier	45
München in Schale	45
Und Du ziehst mir keine Schuhe mit spitzige Absätz an	46
Da Doud is zu an Straßnkehra kumma	48
Dringende Umbenennungen	48
Bierbeutel	50
Blutfahne - Verjährt (Skizze zu einem längeren Stück)	52
Über Fahnen	55
Hochverehrter Amadeus	56
Philip Arp, Zeichnungen von 1947 bis 1980	58
I hab an Draam draamt	78
Mia san do net vo gestan	78
Gespräch im Englischen	79
Können Sie mir bitte sagen wie spät es ist	80
Unterstrichen	82
Beim Verhör	83
Alte Uhrblätter	84
Fünf Grad unter Null	86
A Termomäta is aa so a Schmarrn	86
Umweg	87
Über meine neuesten Erfindungen, besonders die neue Grundrechnungsart	89
Gift	90
Glück und Glas	91
Vorsicht vor Vorsilben	91
Der Baum als Mal	92
Das Geheimnis von Zeit und Baum	93
Papier	95
Requisitenentwürfe (1976)	98
Leise	104
Zwielicht	105
Pfantasie oh mei	107
Liebste Prinzessin B	108
Rede zur Brezenausstellung	109
Skizzen zur Brezenausstellung (1972)	110
Ein Gespräch, das Herr Momo von der Pflz	113
Komikkeramik-Ausstellung, Skizzen und Objekte (1973)	114
Denka kenna	120
Warten S' Herr Zahn	120

Neulich in Neulich 121	Picasso 164
Charaktersachen 122	Rosen aus dem Süden 165
Im leeren Zirkus 124	Musik-Musik 166
Leichte Frage 125	D'Musi is guad zum Danzn 169
Geburtstag 127	Über Literatur 170
Scheusal 128	Das handliche Buch 171
Wovon 131	Beleuchtungsprobleme 173
Erstes Geleit 132	Des is zwenig bosidief 176
De Unendlichkeit wenne ma vorstei 134	Dintnbazn 176
I hab mi brocha 134	Deats koane Schlanga oglanga 177
Da hat amoi a Mo geschworn 135	A Denk Steier gheart her 177
Da zum Dod Vaurteilde 135	Krokadui-Fanga 177
Im Grangnhaus is schee 135	*Sich eines Toten zu erinnern*
Unta da Dischdeckn is koa Disch . . . 135	*Otto Grünmandl* 178
Üwa Deifen kannt ma vui schreibm 136	*Jörg Hube* 179
Meine Mühlen 136	*Urs Widmer* 180
Wer zuletzt lacht 137	*Dieter Hildebrandt* 181
Südfriedhof 138	*Gerhard Polt* 182
Valentinade 139	*Bernard Lesaing, Fotobericht*
An der Isar 140	*April – Oktober 1987* 184
Kinderblut 142	Die Sendlinger Begabung 210
Zahnstocher 144	Die bissigen Hunde 212
Geh weg Gefühl 145	Mädi 213
Wenn a Reicher stirbt 146	Wenns oan beim Glaviaschbuin friart . . . 214
Saudumme Kinder – Monolog eines	No a Trumm meah 214
Familienvaters 148	Grüß Gott – Ein Parfüm 215
Demonstration 148	Bauchweh 217
Funde am Eisbach 150	Windstille 219
Gruppe, Gruppe 151	Diebnahme 221
Sampfd sengd se da Hubschrauba . . 155	Hunderter mit Falten 222
Wenn ma de Genaroi scho 155	I steh vor de Via Jahreszeiten 224
Kriagadenkmoi 155	Friesch eigflogne Ananas 224
An den Kulturausschuß 156	Ostbahnhofviertl 224
Die Künste – ein Vortrag 157	Da Hausmoasta 225
Parkbesitzer und Gärtner 158	A Mo wo dem andan s'Hackl naufhaut . . 225
Erklärung des Stückes für den Zuschauer . 160	Arche Noah 226
Buchbinder Wanninger Probe 161	Fleißige Bienen 227
D'Pfungkheisl Leid 163	Der kleine Schlüssel 228

Eisenbahnbrücke 232	Zum Schussern braucht man 242
Schreiwal 234	Philip Arp. In der Landeshauptstadt 243
Bua? Wos wuistn du amoi wern? 237	*Anette Spola, In dieser langen Zeit* 246
Meine Berufe 238	Beantwortung der Valentin Frage 250
An Kulturreferat München 239	Schreibn's einfach a Buch 251
Kreuzworträtsel 240	Anhang:
Aus der Kindheit 241	Chronologie Philip Arp 253

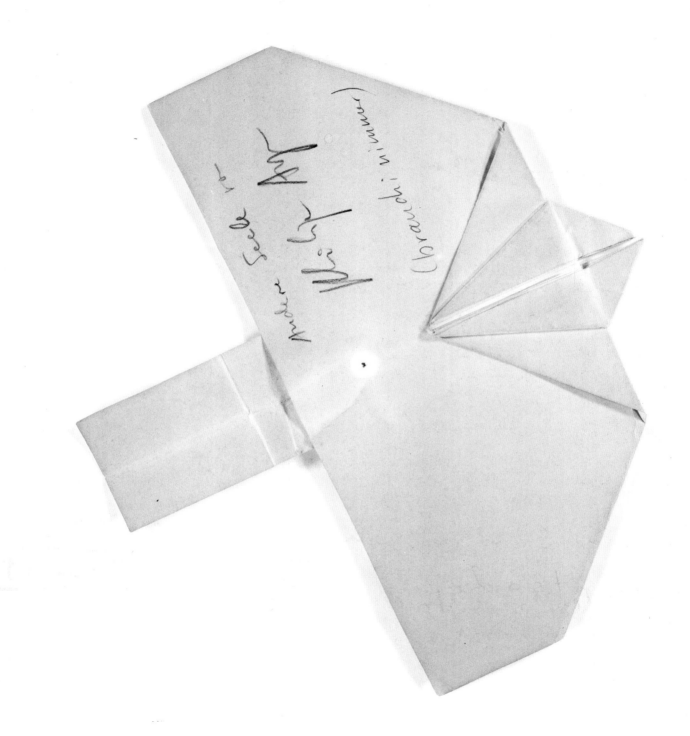